太阳的风车

TANYANGDEFENGCHE

于文胜◎主编

新疆美术摄影出版社
新疆电子音像出版社

图书在版编目（CIP）数据

太阳的风车 / 于文胜主编 . – 乌鲁木齐：新疆美术摄影
出版社，2014.1

（当代中国名家美文典藏丛书）

ISBN 978-7-5469-4909-3

Ⅰ . ①太… Ⅱ . ①于… Ⅲ . ①散文集－中国－现代②散文集－中国－当代
Ⅳ . ① I266

中国版本图书馆 CIP 数据核字 (2014) 第 021349 号

太阳的风车

主　　编	于文胜	
撰　　文	黄适远	
图片摄影	武纯展　宋士敬　沈　桥　沈　剑　金　炜　晏　先	
	刘　振　朱明梭　侯　建　朱正华　麦　粒　包建忠	
	李　翔　楼望皓　赖宇宁	
责任编辑	向　京	
出　　版	新疆美术摄影出版社	
	新疆电子音像出版社	
社　　址	乌鲁木齐市经济技术开发区科技园路 5 号	
邮　　编	830026	
发　　行	新华书店	
印　　刷	三河市燕春印务有限公司	
开　　本	787mm×1092mm　1/16	
印　　张	9	
版　　次	2014 年 1 月第 1 版	
印　　次	2015 年 3 月第 1 次印刷	
书　　号	ISBN 978-7-5469-4909-3	
定　　价	29.80 元	

太阳的
风车

目 录

太阳的风车

目录

维吾尔族

一、维吾尔族的来历

　　维吾尔族是一个古老的民族，中国古代典籍中频频出现的"回纥"、"回鹘"即是维吾尔族人的祖先。元代时出现了"畏兀儿"一词，1934年11月29日，新疆省政府决定废除以前对维吾尔族的各种汉译写法，正式规定汉文写做"维吾尔"，含有维系吾（我）与尔（你）的兄弟亲缘之意。其实无论"回纥"、"回鹘"、"畏兀儿"还是"维吾尔"，其原本发音是一个，只是汉文在记录时用字不同而已。

摄影：侯　建

摄影：侯 建

摄影：侯 建

维吾尔族主要居住在中国新疆塔里木盆地的周缘。被称为"东疆"的吐鲁番和哈密两个地区，曾是高昌回鹘汗国的领地，是维吾尔族大家庭中的另一个大院。清代时，雄踞北疆的准噶尔部蒙古人从南疆的喀什、阿克苏等地强征大批维吾尔族人到伊犁一带当农奴。准噶尔蒙古人的夺权活动被平定以后，为了巩固边防、发展经济的需要，清政府从南疆的喀什、阿克苏，东疆的吐鲁番等地招募大批维吾尔族农民到伊犁屯垦，形成伊犁草原上被称为"塔兰其人"（种地者或种麦子的人）的维吾尔族农耕群落。

南疆、东疆、北疆的维吾尔族聚居区，成为中国维吾尔族传统的聚居格局。历史上也曾有少量维吾尔族人被当时的政府迁移到湖南省桃源、常德或内地其他地方，成为民族交流的佳话。但他们人数太少，又远离民族文化的厚土，没有形成有影响的民族文化实体。另外，维吾尔族中还有一部散居于中亚各地。但是，若论维吾尔族文化的主体，无可争议的是在新疆天山山脉以南，尤其是塔里木盆地周缘地区。

公元10世纪，以喀什噶尔为首都的喀喇汗王朝率先皈依伊斯兰教。公元1392年和1399年，皈依了伊斯兰教的新疆蒙古族统治者以圣战名义攻下仍然信奉佛教的吐鲁番和哈密，从此维吾尔族成为伊斯兰教的全民信徒，并与当时的统治民族——蒙古族一起创造了察合台文化。

二、维吾尔族的服饰

说服饰当然要先从顶上春秋说起，顶部是人类散布最重要信息的地方，比如，有谁见过警车的警灯不是装在车顶而是装在汽车底盘上的？维吾尔花帽就是他们代表性的头饰作品之一。进入现代，维吾尔族的服装更加丰富多彩，但他们花帽的基本构成却没有多少变化。

花帽状如帽头，维吾尔族称"多帕"，由四片绣面组合而成，帽底沿圆形，顶部有四棱，是维吾尔族人手工工艺美术品的代表性作品，有男式和女式之分，各有若干种纹样，不同的阶层偏重不同的纹样，不同的年龄段有各自不同的喜好。主要的花帽品种有巴旦木花帽、再尔花帽、齐曼花帽、夏帕克帽、塔什干花帽、玛日江花帽、格兰姆花帽、曼波尔花帽、金片花帽、五瓣花帽、赛里甫希图玛克、阿克多帕等。

近代由国外流传进来的鸭舌帽，为城市青年、知识分子、官员与职员以及工薪阶层所欢迎。这种帽子已经成为专业作坊和小工厂的制式产品。20世纪80年代以后，由国外传进来的化纤窄边礼帽大为流行，成为城市男性的时髦帽式。

姑娘们和那些不认为自己已经衰老得失去魅力的妇女们，总要戴着一条鲜艳漂亮的花头巾。而过去，新疆南部妇女有专门制作的面纱，形似头盔，前面垂一块白色纱布；20世纪50年代以后面纱渐被淘汰，现时虔诚的女信士都用一种暗褐色的头巾遮面。

过去，维吾尔族男士多穿无领、斜襟、无衣扣、深色的袍服"裕袢"，现在除老先生以外，很少有穿裕袢的了。维吾尔族女性一直沿袭着穿连衣裙的传统，只是现在的连衣裙更有时尚风格。维吾尔族女性喜爱鲜艳的色彩，有时候会把强烈的对比色装饰到自己的身上，具有很强的视觉冲击力。

摄影：朱明俊

摄影：李 翔

三、见面礼和礼貌用语

见面礼

同辈的亲人、好友之间见面相互拥抱。此俗不分民族，如果交情够深，不同民族的好朋友见面，情不自禁地就相拥为礼了。但异性之间没有此俗。

儿童见长辈，相互拥抱，儿童吻长辈面颊，长辈吻儿童的额头。

女性之间年轻人见长辈，相互拥抱并行贴面礼。大姐姐迎接或送走小弟弟时，吻小弟弟的嘴唇或额头。

握手礼的时候可以不必顾忌辈分、身份地位甚至性别。但是在与异性相见，特别是男士面对着漂亮姑娘的时候，可不要轻率地向对方伸出手去，唐突的举动容易被对方误解为轻浮或者不怀好意。

最保险、最通用的是使用穆斯林式的抚胸礼，右手置于左胸（左撇子也得如此），最好同时俯身鞠躬。如果对方是穆斯林，在行抚胸礼的同时说一声"萨玛里空"（穆斯林的问候语），对方会更加高兴。行此礼时不忌辈分，不忌性别，不忌身份地位，新疆南部的各个当地民族都通用，甚至在新疆南部生活时间长了的汉族人都使用此礼。维吾尔族中还有一种双手置于腹部同时鞠躬的礼节，一般用在更加郑重的时间和场合。

摄影：沈　桥

行了抚胸礼再行握手礼，这是传统的维吾尔族见面礼节，双方右手前掌相抚，同时左手轻抚对方手背，看似四手相握，但不可握得太紧太用力。

问候语

最基本、最常用的问候语也是"您好"，用汉文标记下来就是"亚和西穆涩孜？"（好吗你？）或"奥布旦图吐迪额孜穆？"（你把好抓住了吗？）

称　呼

外地人到了新疆不会一下子那么深入民间，也不可能很快学会维吾尔语，因此能比较恰当地使用公共称呼就行了，也可以直接用汉语的敬称，虽然对方可能听不懂，但你只要是在尊敬对方，对方还是领情的。对女性，你就叫她"古丽"。古丽是花的意思，新疆各民族姑娘都喜欢以各种花为名，以花称呼女性在新疆十分普遍。如果她不叫什么古丽，但你把她称做花朵，她一定会很高兴的。

四、待客礼俗

维吾尔族的传统民居中都专设一间客厅或者可用于招待客人的住房，是这一家里最宽敞、装饰最讲究的房间。在这样的地方就坐，坐姿有两种，一种是跪坐，使用最普遍的坐姿是盘腿而坐。只要是有他人在场的场合，就不能使用叉开腿、把脚掌对向别人的坐姿，那是轻慢无礼和粗野没教养的姿势。

家里来了客人，主人会张罗着烧水煮茶，并把家里最好吃的点心、水果等食物拿出来招待客人，还要留客人在家里吃饭。维吾尔族人有饭前便后洗手的习俗，在吃饭之前，主人会持净壶为客人倒水洗手。洗手须洗三把（即倒三次水），忌洗一两把就走开或觉得没洗干净而要求倒第四次水。洗手之后可将手上的水滴入

摄影：侯　建

摄影：沈 桥

接水盆，也可以用主人提供的或者自己随带的巾帕及纸巾擦干，但不可抖动双手甩水。

　　落座须分长幼尊卑，德高望重者坐于里面正中。客人面前有专用的餐布摆放食物，客人不可将脚压在餐布上，更不可坐在餐布上。不可将脚掌伸出对向餐布或其他客人，也要避免从别的客人面前经过。

　　做客时该注意的还有：可以抱一抱、逗一逗主人家的小孩，称赞孩子长得聪明漂亮，可以给孩子一点小礼物，但不能眼睛直勾勾地盯着主人家的小孩并不停嘴地说小孩如何地漂亮、胖、胃口好。民间认为盯视是"邪恶的目光"，会扰乱孩子宁静的灵魂。

　　主人为你倒茶的时候你要双手举起茶碗，但不可为表示亲密和殷勤而替主人倒茶；不可帮主人做事（那样会有对主人不放心之嫌）；主人端上来请你吃的食物，无论你胃口如何，一定吃一点，否则就是对主人的不礼貌；主人请你吃馕吃肉的时候，要把馕掰成小块、把肉用刀切小，用手捏着慢条斯理地吃，不可嘴里说着"好吃！太香了！"抓起整个的馕和肉就狼吞虎咽；不可到做饭的地方去，不可嗅主人送上来的食物，不可翻搅盘中的食物；不

摄影：金 炜

可当着主人和其他客人的面放屁、吐痰、抠鼻子、挖耳朵。

内地人一到了新疆人的家里，总感处处新鲜、样样有"味"，"哇！哇！"之声此起彼伏，按捺不住地要东摸西动、上蹿下跳，这是主人家很忌讳的事。其实不仅新疆人忌讳此行径，如果有一群穿着多日不洗的旅游鞋和发着汗臭味行装的家伙跑到你在城里的家中，对你精心装修的住房大感兴趣，东钻西蹿，摸摸动动，你又有何感受？

主人家的许多东西外人是不能随便动的，比如放在高龛里的《古兰经》、挂在墙上的宗教艺术品等。

维吾尔族人待客有始有终。客人要告别的时候，主人会恭恭敬敬地把客人送出家门，向客人行郑重的送别礼。做客之后不要出门便扬长而去，一定要回过身来，向主人行告别礼；如果你的嘴不笨的话，最好在行告别礼的同时说一句祝福的话。

最要注意的是：未经当地有关人士的同意和带领，不得走进礼拜寺（尤其是女性），不得在礼拜寺前喧哗。发现当地人在做礼拜，不得喧哗或议论，不得从礼拜者前面走过，不得以明显的动作拍摄照片或录像；如果实在无法回避，要静静地等待礼拜者结束礼拜。

五、茶俗和饮品

进门一杯热茶，是中华各兄弟民族共同的待客习俗。维吾尔族也是以茶待客，但茶俗与中国内地人有所不同。

摄影：李　翔

茯茶被认为是热性的，能"刮油"，能调理肠胃，为了增强保健作用，维吾尔族人还要往茶里放一种叫"恰依多拉"的茶药，当地汉人把它称为药茶或者五香药茶。

在新疆南部的巴音郭楞蒙古自治州和新疆北部的伊犁哈萨克自治州生活的维吾尔族人，也有喝奶茶的习惯。

虽然现在维吾尔族中的有些公职人员、城市居民和年轻人在喝酒，但维吾尔族受伊斯兰文化的影响，总体上是禁酒的，尤其是新疆南部绿洲中的农民更是严格的禁酒者。正宗的维吾尔族饭馆里不但禁酒，还禁止吸烟。所以在新疆，请维吾尔族朋友喝酒，一定得事先征得对方的同意，如果对方表示反对喝酒，就不要勉强对方，也不必与对方争论。

六、美食

日常食物

馕 是维吾尔族人的主食，这是一种在烤炉里烤制的圆饼形发酵食物，可用小麦粉、玉米粉用瓮形炉灶烤制而成，贮放多日不霉不馊，依然味美如初，营养毫无损失。

油馕是工艺相当讲究的馕。选用精白面，用牛奶、鸡蛋和菜籽油和面，加适量精盐和调料，在烤炉中烤制成油馕，其味绝妙，是维吾尔族人过节或婚庆时少不了的馕。油馕贮藏多日不干硬不失味。出门远行，路途中食用，油馕也是上品。

特色美食

拉面 北京人叫抻面，陕西人叫扯面，甘肃人叫拉面，维吾尔族人叫"拉赫曼"，但拉面这个叫法在全中国都通用。拉面既是家常饭，又是美食。现在大城市人把拉面发展成了饭馆餐品，拉面条配以精炒的菜，叫做拌面。

抓饭 用清油（最好是菜籽油）、圆葱、羊肉或鸡肉、胡萝卜、大米做成，有时候也放葡萄干、杏干，饭内的调料有姜粉、花椒粉、孜然粉、红花，是待客时常用的饭食，不仅味美，还是大补，曾被作为治疗阳衰、无力等病的偏方。在民间，一般是数人围圈而坐，中间放一大盘抓饭，大家就用手抓着吃，汉人据此而称其为"抓饭"，而维吾尔族人称抓饭为"波罗"，不具有动词的成分。巴扎上的抓饭已经成了份饭，用勺或筷子吃。抓饭有配着牛羊鸡肉块吃的，有配着薄皮肉包子吃的，还有将酸奶盖在热抓饭上吃

摄影：李 翔

摄影：沈 桥

9

的，味道各有千秋。

肉食和烤食

维吾尔族人喜欢吃肉，但不食陈、腐之肉，也不吃腌、熏、腊干的肉食，食必新鲜牛羊肉（如今北疆的维吾尔族人也吃哈萨克人的熏马肠）。

清炖的大块羊肉是居家待客、节庆和婚礼盛宴以及巴扎上最常见的菜品。在乌鲁木齐的维吾尔族饭馆里，有一种叫做"馕包肉"的美食，煮肉时将馕盖在大块肉上，出锅时将馕置于碗底，上面盛上大块肉和肉汤，馕味、肉味、汤味浓香鲜美，大多数人会享其味而忘记减肥誓词。这种"馕包肉"原为喀什一带的吃法。

和田一带有一种"卡赞卡瓦甫"，意为锅烤肉，严格地说是油煎肉。在一只很大的平底锅里将大块羊肉用油煎炸至焦黄，加水煎，上覆馕饼，再盖锅盖焖炖，吃时将肉块包在馕中，比"馕包肉"更多了油香味，无论解馋还是当主食，都是绝妙之物。

摄影：朱明俊

摄影：沈 桥

以羊肉为馅的烤包子是维吾尔族人的代表性美食之一。薄皮方形的烤包子叫"沙木苏"，价廉物美，深受大众欢迎。和田地区的巴扎上供应一种厚皮圆形的烤包子，维吾尔语称为"过西各尔待"，是烤包子中的上品。羊肉本是大补之物，又加上圆葱和富有药用价值的香料，并且以火烤熟，成了健体滋养食品，故新疆南部的人称这种烤包子为"男宝一号"。

烤羊肉串是流传最广的维吾尔美食，但是正宗正味的烤羊肉串只在塔里木盆地周缘地区才可以吃到。在这些地方，烤羊肉串的工艺十分讲究，必须是用桃木或杏木作柴，羊肉必须新鲜肥嫩，调料只用咸盐与孜然（安息茴香）。沙漠边缘的维吾尔族人也用红柳根或梭梭柴来烤羊肉串，但在南疆的城市里，红柳和梭梭柴烤的羊肉串却上不了市面。乌鲁木齐缺柴但多煤，故乌鲁木齐的羊肉串是用无烟煤烤的，并且为了适应西北汉人的口味，肉串上要散大量的辣子面。南疆的维吾尔族人到了乌鲁木齐，很少吃乌鲁木齐的烤羊肉串，有些和田人甚至认为乌鲁木齐的烤羊肉串是对这种美食的亵渎。

烤羊肉中最贵重者当属烤全羊。烤全羊需要有专门的炉灶，调料配制极为讲究，制作过程相当复杂，火候把握难度颇大，味道又极其香美，不是一般的人能随便做得出来的。

维吾尔族人还喜欢吃烤或卤制的鸡、鸽、鹅、鱼和油炸鱼，但炸鱼需用大量的植物油，一般人家没有条件制作。饭馆或巴扎上的炸鱼摊可为人们一解馋鱼之虞。

七、传统聚会

摄影：沈 剑

维吾尔族人有聚集在一起同欢共乐的习俗，也就产生了一种最高层次的聚乐活动——麦西热甫。

麦西热甫是歌舞、民间曲艺、民间游艺相结合的一种娱乐形式，社区内的人都可以参加，甚至不管哪儿来的、干什么的，凡是听到音乐声赶来的人都可以参加麦西热甫活动。麦西热甫有节日麦西热甫、野游麦西热甫、婚庆麦西热甫、训戒麦西热甫等多种形式。但是最有代表性的是"丰收麦西热甫"。

麦西热甫大都在果园里、打麦场上、村中的小广场上等等宽阔的地方举办，有时候也在大厅里举办。人们围成一个大圈，中间留出一个供跳舞和表演的场子，主持人也不多啰嗦，甚至简单到见时间差不多了，向乐师们打个手势，鼓乐一响，就开始了。

麦西热甫的活动内容一般有三个部分：乐曲舞蹈部分、游戏娱乐部分和表演部分。拉开序幕，接着有人打起了手鼓，乐师们奏起了手中的乐器。乐曲部分是供大家欣赏音乐的，在乐曲部分之后会有歌曲部分，这

时候只要是想唱歌的都放开了喉咙唱起歌来，有人按捺不住地走进中间的场子，跳起了舞，于是人们纷纷进场跳了起来。跳舞时一般要对跳，但是舞伴却不一定固定，可以不断地与其他人对跳。

歌舞过后，跳舞的人累了，就开始做游戏。传统游戏中最著名的叫"黛莱"（抢腰带）和传茶碗。抢腰带在男女青年间进行，一个年轻人拿着一条棉布腰带抽打其他年轻人，而其他年轻人在躲避的同时又要设法把那条腰带抢到自己手里。大家都身手敏捷，一边说着打趣逗乐的话，引得在场的人哈哈大笑。在玩这个游戏时，小伙子可以用开玩笑的口气向姑娘献殷勤，表达爱慕之心，大家也不会斥责他们放肆。

11

摄影：沈 桥　摄影：沈 剑

传茶碗是用一对盛满水的小碗大家手里相传，上一人可以随意传给身边的任何一个人。如果谁不小心把碗里的水洒出去了，他就会被大家罚唱一首民歌、说一则笑话或者说一句妙语。

麦西热甫的第三部分是进行表演。大家将那些在跳舞时故意捣乱的人、破坏聚会秩序的人、寻衅闹事的人、开不起玩笑的人、言行不得体的人等等揪出来，推进场地中间，由主持人主持对他们进行"审判"，并宣布对他们的惩罚。惩罚之一是让他们规规矩矩地站在中间接受大家的批判，不过这种批判是以开玩笑的方式进行的。受惩罚的人常常会用诙谐的语言或滑稽的动作或用食物、水果、糖果等讨好大家来过关。惩罚之二是命令这些人做滑稽游戏。

在丰富的滑稽游戏中，有一个游戏叫做"娶两个老婆"。被罚者躺在中间，一边躺一个人扮演"老婆"；一边的"老婆"揪着他的耳朵要跟他亲热亲热，另一边的老婆又揪住他的另一只耳朵醋劲大发；两个"老婆"都想着法子折磨他。在大家的哄堂大笑中，不动声色地完成了这个活动的教化作用，比如对夫妻不忠的批判、对不实行计划生育的批判等等。

各地的麦西热甫有着不同的风格，有哈密的青苗麦西热甫，有叶尔羌河中下游的刀郎麦西热甫，有山区麦西热甫，有孔雀河与塔里木河下游地区的罗布人麦西热甫等等，进入每一种麦西热甫活动，就进入了一种地域文化的强烈震撼之中。

八、歌舞及传统艺术

民 歌

维吾尔族人唱歌不需要理由。高兴了唱，不高兴了也唱；孤独寂寞了唱，欢聚一堂时也唱。歌是维吾尔族的第二语言，凡是觉得用话语表达不完全的情绪和感受，就用歌表达出来。

维吾尔族的民歌有人生礼仪歌、儿歌、劳动歌、生活哲理歌等

摄影：金 炜

作比较自由多样，在以前，讲究男士的手上动作不要高于头部。对舞时要注意两人的眼神与表情的配合。

20世纪50年代中期以后，新疆的舞台艺术工作者将维吾尔族民间舞蹈搬出舞台，成为舞台艺术，自此以后"新疆歌舞"成为中国舞台上的热门形式。艺术家还将维吾尔族传统舞蹈进行整理，形成了男子十一个组合、女子十三个组合，作为舞蹈演员培训的标准动作。

维吾尔族传统舞蹈集中体现在各地的"赛乃姆"中，除赛乃姆以外，各地还有自己独特的民间舞蹈，比如吐鲁番的"纳孜尔库姆"，是一种幽默诙谐的模拟舞；哈密与吐鲁番的鸡舞，历史可以上溯到高昌回鹘时期对鸡神的崇拜。新疆南部民间的"皮巴克姆"，是对身体拍打发出节奏声的舞蹈；而"皮尔舞"则是萨满教巫术的遗风。

等，几乎人生中所有的内容都有相应的歌曲。当然，最多的是爱情歌曲。维吾尔族人崇尚自由、浪漫的爱情，习惯于大胆坦率地追求爱情，他们的民歌中大约80%以上是爱情歌曲。与汉族人的爱情民歌的缠绵不同的是，维吾尔族的爱情歌曲充满着炽热的感情。

民间歌舞

维吾尔族舞蹈以农耕生活素材为主，脚上三步踏四拍拖步跟进，第四拍为主力腿颠膝，摆脚转圈踏脚。脚部动作决定与音乐的节奏。手上动

摄影：沈 桥

摄影：沈桥、沈剑

九、特色工艺品

地毯

居室墙壁上挂壁毯、床炕及室内地面上铺地毯，是维吾尔族人的习俗，亦是居室装饰之主流。最有名的是和田地毯，其出名的原因主要是原料好。和田当地传统的绵羊品种叫"和田羊"，其毛长短、粗细和弹性特别适宜编织高质量的地毯。

帕拉孜

维吾尔族还有a一种民间编织工艺品，是用棉线或毛线制成，比地毯薄，主要用于铺在身下，其他地方把这种物品也称为毯子，和田地区和罗布淖尔地区的维吾尔族人对这种物品有专用称呼，曰"帕拉孜"。这种编织品在哈萨克族、柯尔克孜族、塔吉克族等民族中也很普遍。

花毡

毛毡是维吾尔族人的居家必需品，爱美的维吾尔族人当然不会放过在毛毡上制造出美来。毛毡大都被饰以图案，以制作方法分类，有在擀毡时预先把各色羊毛拼成图案制成的压花毡，有在毛毡擀完后再用图章印制的印花毡，有在毡子以各色彩布贴绣而成的绣花毡。绣花毡也是哈萨克、柯尔克孜、塔吉克等牧业民族的传统工艺品。

土花绸"艾德莱斯"

和田是中国西北部、乃至中西亚少有的蚕桑基地，和田生产的土花绸"艾德莱斯"有着悠久的历史。艾德来斯绸至今仍保持着手工制作工艺，有十数种纹样，主要用于制作妇女的各式裙子，是维吾尔妇女首选的裙服面料。

乐器

音乐是美的源泉之一，演奏音乐的乐器当然也应该成为最美的物件。维吾尔族的传统乐器无一例外都是精彩绝伦的工艺美术品，集雕刻、造型、镶嵌艺术为一体，体现了当地最高的工艺美术水平。维吾尔族的传统乐器，弹拨乐器有热瓦甫、弹布尔、都它尔，拉弦乐器有艾捷克、沙塔尔、胡西塔尔，击弦乐器有扬琴，吹奏乐器有奈依、苏奈依、巴拉曼，打击乐器有达甫、纳格拉、冬巴克、沙巴依。各地还有自己特色的乐器，比如刀郎热瓦甫、山区牧羊热瓦甫、哈密艾捷克等等。

小刀

维吾尔族男子有佩刀的习俗，刀具是男人们的主要饰物。如今各种匕首的实用价值早已不如其装饰与审美价值大了。各地都有制作精美的小刀，但以新疆南部英吉沙县的小刀最出名。

首 饰

　　手工制作的各种首饰，是金属类手工艺品中最精美的。南疆维吾尔族人虽然自古以来生活在出产和田玉的地方，但他们的文化中没有玉石崇拜传统，他们的首饰以金银钻石和玛瑙为主。

镶花木箱

　　镶花木箱是以细金属条镶嵌而成，显得金光闪闪、精细繁复，由此可以推想出当地人居室中的装饰风格。镶花木箱以喀什市制作的最为著名。

摄影：沈 剑

铜 器

　　在维吾尔族人的家里常见一种壶形的铜器，造型优美，遍体精雕细刻着精美的花纹图案。这种壶常常摆放在比较显眼的地方。这壶不是用于烧水煮茶的，而是用于洗濯的，也称为"净壶"，维吾尔语为"阿布杜瓦"，与一种盂状器皿是一对，盂状器皿叫"奇拉甫其"，是承接洗濯时流下的水的接水盆。伊斯兰教也译做"清真教"，都没有壶盖和壶嘴，只在壶口上有一个凸槽用以倒水之用。即使在现代生活气氛浓郁的维吾尔族人的家里，也往往少不了一把烧茶用的铜壶。

陶 器

　　一直到20世纪70年代，新疆南部农村中还广泛使用各种陶器。现今，随着旅游业的迅速发展，经营陶器的人们推出一些造型稀奇古怪、毫无实用价值的土陶制品，以招揽外地旅游者。

儿童用品

　　代表者是婴孩的摇床，制作得造型别致、五彩缤纷。维吾尔婴孩在出世后第四十天，要举行摇床礼，孩子被放到摇床上，从此要在那个小小的摇床上躺一年多。摇床是母亲的第二怀抱。

印花布

　　新疆南部是我国种植棉花、纺纱织布最早的地区，维吾尔族植棉的历史很长，有纺棉为纱、织纱为布的传统。所织可缝衣服用的棉布，统称"哈木"。

　　哈木布织出以后是棉花的本色，不太纯的白色。可以直接用这种颜色的布制成男式的衬衣、裤子或夏袍，但爱美的维吾尔族人总会想法来美化这些布，最简便的方法就是用木刻的图章往白布上印上各种图案。有些技艺高超的匠人印出来的

花布，色彩和谐、图案精美，成为人们抢手的装饰品。

花布一般被用来做门帘、窗帘、橱柜帘，和钉在炕边的土墙上用做墙围子，也有人用花布做衬衣的。

桑皮纸

新疆南部有着久远的使用纸张的历史。当地制造的纸使用桑树皮作为主要原料，人们通常称这种纸为"桑皮纸"或者"麻纸"，准确的称呼应当是桑皮纸。

桑皮纸柔韧、结实，可供包东西、糊天窗，绣花帽的时候可搓成纸卷插进布孔里，作为绣花时的撑骨，还可以作为日常卫生用品。

把桑皮纸作为书写用纸的时候，还需要作进一步的加工。用玉石的镇纸在桑皮纸上反复地打磨，直到它变得厚薄均匀、柔软光滑为止，再把它裁切得方方正正。过去，各个衙门里都有专门打磨和裁切桑皮纸的书童。

工具用具

维吾尔人的主要劳动工具叫"坎土曼"，这是一种能作挖、刨、铲、掀等多种用途的基本工具，其使用频率比中原地区的铁锹还高。维吾尔人将这种基本劳动工具无论在造型、装饰上，都搞得像个工艺品一般。

十、节日

摄影：金 炜

来源于宗教的节日

古尔邦节

古尔邦节是全世界穆斯林共同过的节日，由于古尔邦节与肉孜节的日期与公历之间的差异，使这些年节有时候是在冬天，有时候却又是夏天。季节不同，节庆的色彩也不同，这就使得年节也色彩纷呈。

古尔邦节这一天清晨的礼拜，是一年中规模最大的一次礼拜，所有的维吾尔族成年男人，无论是不是教徒，都得去当地的礼拜寺参加聚礼，场面蔚为壮观。最著名的有喀什艾提尕尔清真大寺前的大聚礼，聚礼之后，乐师们登上艾提尕尔清真大寺的门顶，敲起纳格拉（铁壳鼓），吹起苏奈依（唢呐），大寺前广场上的男子们就跳起了热情奔放的萨玛舞。

肉孜节

伊斯兰教历的每年9月1日开始，全体穆斯林必须斋戒一个月。在这一个月的时间里，每天从天将亮的时候到天完全黑下去之前，在整个白天里不能吃饭，不得喝水；在天黑透了以后和天破晓之前这一段时间，人们可以吃饭。但是无论在白天还是黑夜，夫妻都不能缠绵亲热，更不能行房事，烟民们不得吸烟；所有穆斯林都得克制一切欲望和杂念，一心只想着真 主。直到新月升起来的时

候，人们才开始恢复正常生活，这就是开斋，维吾尔语叫"肉孜"。

在肉孜节中，大家会相互串门贺节。虽然法定的节假时间只有一天，但人们要相互走动好多天，农村里甚至要过半个多月的节日。

民俗节日

诺鲁孜节

诺鲁孜节是一个富于民俗和文化意味的节日，为的是庆祝春天的到来，是维吾尔族和哈萨克族、柯尔克孜族、塔吉克族等民族共有的春节。时间在每年公历三月二十一日前后春分节开始，到清明节结束。从时间和景色上看，诺鲁孜节更适合"春天的节日"这个名称。

诺鲁孜节到来的时候，维吾尔族有煮诺鲁孜粥的习俗。制作诺鲁孜粥的原料有肉、麦粒、大米、葡萄干等干果、酥油等等，凡是家中保存至今的好吃的，只要是互不相克，尽可拿出来一锅煮了吃。诺鲁孜粥是一家人祈祝一年丰收的信物，得由受

到大家一致尊敬的老人来掌勺，一家人聚在一起，喜气洋洋地吃诺鲁孜粥，就像吃下了美好的期望。

诺鲁孜节一定要到野外去踏青，在野外聚餐，唱歌跳舞。

哈密诺鲁孜节

哈密维吾尔族农民的诺鲁孜节以祭青苗仪式贯穿始终，故有人也把哈密的诺鲁孜节称为"青苗节"。

还在冰天雪地的时候，村里品德高尚、家境富裕的人家就应村民之请，用麦粒育出一盘青苗。在春分节这天，村民们请出这盘青苗，载歌载舞，牵着肥羊在村街上巡游，庆祝春天的到来。

这盘寄托着希望的青苗中间，往往插着一只纸剪的大公鸡。据专家考证，鸡崇拜是高昌回鹘的古俗。

清明节这天，大家选出一位清纯漂亮的小姑娘做春姑娘。大家将柳条抽去枝骨做成柳叶冠戴在春姑娘头上，同样戴着柳叶冠的小男孩抬着春姑娘向人们祝福，人们向春姑娘献上杏花和桃花。

大家围坐在柳园之中举行歌舞娱乐活动。春姑娘坐在木制大车轮辘上（寓意着四季轮回），由四个小伙子抬着，踏着音乐的节拍边行边舞，绕场一周，由德高望重者揭去盖头，春姑娘走入人群。

带有表演性质的歌舞娱乐开始。桌台舞是有着悠久历史的高难度舞蹈；牵马舞是一种道具舞，通过为新娘牵马的过程，表现农村中的爱情生活，十分生动形象、风趣幽默。歌舞娱乐活动的高潮是大家一起跳起欢快热烈的集体舞哈密赛乃姆。

在大家热热闹闹庆祝春天到来的时候，一部分人要到水渠边，将那盘青苗撒进渠水里，再来到田边，象征性地往田里撒一些麦种。而一群主妇们则在树林中架起大锅为大家煮诺鲁孜粥。

哈密维吾尔族人的诺鲁孜粥是

摄影：金　炜

用麦粒、玉米、青稞等粮粒煮成，盛于馕上大家同食，以此祈求和祝愿当年五谷丰登、生活美满。

初雪节

维吾尔族人是把初雪当做一个节日来过的；节日里有一个固定的内容，那就是一种叫做"投雪笺"的活动。

第一场雪一下，就会有几个人凑到一起，商量着给他们的一位朋友写一封联名信，信中用诗体语言首先要以白雪的降临为由，祝贺收信人全家平安幸福，然后要求收信者以初雪节的习惯承办一次聚会。

雪笺写好以后，这几个朋友就从他们中间选定一个合适的人把这封信送到收信人家里去，趁对方不注意，将雪笺放在对方一时看不见的地方，就赶快借故告辞。

如果到了门外，收信人仍然浑然无知，送信人会大喊一声："卡尔勒克开特待（雪笺来了）！"撒开腿、骑上马、蹬上车或者开动摩托就跑。

如果收信人的反应快，在送信人逃回家门之前将他抓住，随便拉到哪一家里，用墨汁或锅底灰将送信人的眉毛染黑，用女人的口红或红纸、石榴汁等把送信人的脸涂成红色，拉着他到外面游街示众，街坊邻居们就跟送信人开起了玩笑，收信人当众宣布：因为送信人输了这个游戏，所以雪笺里提出的那个聚会就由送信人承办；他规定了聚会的时间、地点和要求，请在场的人都去参加那个聚会。当然，在场人中那些不属于这个朋友圈子的人，也不会真的不知趣地跑去参加聚会。

投雪笺看起来像是个大孩子们玩的游戏，但都是在成人中间进行，而且充满着诗情画意，这正是维吾尔族人民族性格的一个写照。

十一、人生礼仪

摄影：沈　桥

恋　爱

　　维吾尔族青年男女之间可以自由接触。但是到了男婚女嫁的时候，还得要由父母做主。如果孩子断然拒绝，父母一般也不强求。如果男女青年已经私订了终身，男孩会鼓起勇气向父母提出来，请求父母答应。父母如果答应了，就会请一位亲戚或热心人客串媒人，去女方家说媒。

婚　礼

　　婚礼大多在订婚仪式一周后举行。

　　维吾尔族人的婚礼是不能没有音乐的。乐手们一般是要爬上主人家的屋顶，站在这家宅院的最高处，把他们的鼓乐声传向尽可能远的地方。

　　乐声一起，整个村庄或住宅区都立即进入一种节日的气氛之中。

　　在主人家的院子里，客人们都被安排坐在地毯、棉毯或苇席上，德行高的年长者和尊贵的客人坐在凉檐下的土炕上。用布单或苇席隔出一个女宾区，女客人们被请进了那个不许男人进入的地方。

　　按照通常的程序，婚礼的第一部分是在女方家中进行的。新郎带着接亲的队伍，吹吹打打、浩浩荡荡地来到新娘的家里，向新娘的亲属展示带来的彩礼，收到礼物越多、越贵重，就说明这一家人越有面子。

　　新娘的嫂子——检视彩礼，表示如数收下。这一天，新娘的嫂子就成了新娘家的家长，她可以作出决策而不必请示公婆。新娘的父母尽管去与来宾们寒暄，具体的事他们不再插手。

　　伴娘们会从新郎送来的衣服里选出几件衣服给新娘套上。新娘开始放声大哭，表示对父母和兄弟姐妹们的离舍之情；院子里随新郎来接亲的小伙子们就会唱起劝嫁歌，在得到新娘的嫂子允许以后，来接亲的小伙子们冲进闺房，抬起新娘身下的地毯，将新娘抬出把她养大的家，抬到新郎带来的小轿车、大汽车、拖拉机、马车、牛车或者驴背上，人们簇拥着一对新人，一路高奏喜乐、载歌载舞地往回走。

　　在路上，会遇到孩子们将一根绳拴在路两边的树上，拦住了去路。接亲的人就给孩子们散一点好吃的东西，或者是油炸的小面片，或者是糖果、葡萄干、杏干和大沙枣，孩子们这才解开绳子放接亲的队伍过去。在吐鲁番一带，沿途的人家会在大门口摆一个小桌，桌上放糖果等物，招待过路的人，让所有的人都沾一沾喜气。

　　到了新郎家的大门外，小伙子们仍然抬起那条地毯，将新娘抬进新房。新郎、伴郎与新娘的伴娘来到凉檐下的土炕前，在充任证婚人的本教区阿訇面前恭恭敬敬地站好。阿訇诵经以后，叫着新郎的名字问道："你愿意娶某某某为妻并与她白头到老吗？"新郎必须大声地回答"是"或者"愿意"。然后阿訇叫着新娘的名字问伴娘："你愿意嫁给某某某为妻并与他生死不离吗？"伴娘跑进新房又很快地跑回来，说："她说了，她愿意！"亲属便及时地递过去一个托盘，盘上放着一碗盐水和一个馕。阿訇用手蘸一些盐水洒在馕上，这是在表示他证明这一对新人的结合就像盐和馕一样天经地义，同时也是嘱咐一对新人：拥有了盐和馕就会拥有一切，愿一对新人拥有真主恩赐的一切。伴郎和伴娘就一拥而上，抢夺那个淋过盐水的馕，将抢到的馕塞进新郎或者新娘的嘴里，据说新郎和新娘谁先吃到这馕，在以后的日子里就是谁当家。

在吐鲁番地区，新郎和新娘是并排坐在阿訇面前的，阿訇把淋过盐水的馕掰开送到一对新人的手里并同时祝福。在哈密地区的一些地方，阿訇祝福一对新人的是糖水。

生活在城市里的现代维吾尔族人，则通行雇婚礼车队、穿婚纱，在大酒店里举行婚礼。

摄影：金 炜

摄影：沈 桥

汉　族

一、汉族的由来

汉族，最早叫华夏族，所谓炎黄子孙就是这个意思。西汉王朝定国号后，也就被用做了民族称谓，是我国的主体民族。从丰富翔实的各种资料证显示，汉族是新疆最早的定居民族之一。如《逸周书》《山海经》《穆天子传》中，都清晰地展示了新疆和中原的亲密关系。

西汉时，西域就有汉人在西域活动，这里的汉人，指中原人，当时不叫汉族，更应称之为"汉人"或"中原人"。汉人是西域新疆古老的民族之一，汉前的先秦称之为"秦人"，"秦"这个词，在今新疆留有遗迹可寻，如喀什市的"其尼瓦克宾馆"，"其尼"实为"秦"（China）之音。

西汉开始的屯田和东汉更大规模的屯田让中原人源源不断纷至沓来。公元前101年，西汉政府就看到到了屯田对于稳定西域的重要作用，在轮台、渠犁一带地区设立使者校尉带领士卒屯田。西域都护府建立以后，大批汉人陆续迁居天山南北各地。汉人是农业民族，种庄稼是把好手，他们迁居西域，给当地带来了见所未见闻所未闻的农业物质、技术和耕作方法，如种子、农具和

兴修水利技术等。大量中原汉人在楼兰（今若羌县一带）、轮台、高昌（今吐鲁番）等地实行屯田，这些汉人主要来自中原黄河流域的山西河南等地，技术好，脑子活，在新疆绿洲头顶蓝天活得逍遥自在。消息传回老家后，人是一拨一拨地来。《后汉书·西域传》就惊叹说"相望于道，一辈大者数百人，少者十余人"，一年之中"使多者十余辈，少者五六辈"。这当然也离不开政府的大力支持，汉朝通过军屯、犯屯、民屯和商屯等多种形式搞活了边塞，丝绸之路也就格外热闹了。

到了唐朝，丝绸之路经过几个世纪的打造，已经延伸到地中海沿岸，东西方大道更加宽阔。进入西域的汉人大量增加，主要集中于天山以北的伊州（今哈密）2467户（11570人）、西州（今吐鲁番）9016户（49476人）、庭州（今天山北麓吉木萨尔到玛纳斯县一带）2236户（9964人）以及安西四镇（今焉耆、龟兹、疏勒、于阗），他们包括军人及其家属、农耕人员、商人及犯人等。

五代辽、宋、元时期，江山更迭，汉人数量之增减也与此相关联。公元840年回鹘西迁以后，高昌地区逐渐成为回鹘的重要军政中心，由于回鹘统治者推行回鹘语（一种古老的文字），致使当地汉族变成

操双语的民族，出土的回鹘文书《定慧大师买奴契》就是一个叫定慧的汉人的买奴契约，是用回鹘文写成，就很能说明问题。到了西辽时期，契丹皇族耶律大石率部西迁，于中亚建立了西辽政权。阿里麻里城（苹果城的意思，今伊犁）一带，"回纥与汉民杂居，又南有赤木尔城，居民多并、汾人"。这些汉人或是此前移居到这里的汉人移裔，或是随同耶律大石西迁留居此地的。迄今，中亚及欧洲一些地方仍将中国和汉族称为"契丹"，实际也是"秦"（China）的意思。

清朝时期，准噶尔部叛乱（乾隆二十年，即1755年），清政府对新疆实行大规模移民，主要是守边屯田，后把西域改称新疆，在惠远（今霍城县）设伊犁将军府，统辖整个新疆的军事、行政事务。此时，汉人成为移民新疆的主要人员构成，有趣的是依然是沿天山以北古丝绸之路北新道为主，分布于巴里坤、木垒、古城（今奇台）、昌吉、迪化（今乌鲁木齐）、伊犁等地，以后又从这些地方迁往塔里木盆地四缘的喀喇沙尔（今焉耆）、吐鲁番、和阗（今和田）等地一部分。光绪元年（1875年），左宗棠任钦差大臣督办新疆军务，抗俄收复伊犁胜利后，部分湘军和在陕西招募的军队定居留了下来。

抗战时期，由于新疆不像内地那样战乱，局势相对稳定，内地（陕甘等地）许多人迁来新疆。

新中国成立后来新疆的汉族主要来源是：

解放军部队。1949年年底，中国人民解放军进驻新疆，随后，很多解放军官兵（大部分是汉族）就地转业，分布于新疆各地，组建为新疆军区生产建设兵团的十余个师和100多个农牧团场，这是新中国成立后首次大批汉族人迁入新疆。

广招内地支边青年。1952年，兵团从上海、湖南、湖北、山东等地招调女兵并派干部及其家属进疆。1958年到1959年，山东、安徽、江苏支边青年来新疆，三年自然灾害时期，内地大批汉族人自流来疆，1964年至1965年又有大批上海、天津、四川支边青年来疆，1966年有大批河南人来疆。

汉族老居民。世代迁徙至此，已经是地道的新疆人。包括左宗棠的湘军、津帮、陕甘的商户等的后裔。

上世纪80年代后做生意定居的。上世纪80年代后，国家实行改革开放和西部大开发，新疆的发展呈现大跨步发展，商业、流通业、科技业等促进了内地人才来新疆发展，主要分布于城市和兵团及地方的团场乡村，从事科技、工农业和流通业以及边贸等。

二、人生礼仪

摄影：朱正华

新疆的汉族农民虽然都来自不同的省区，但他们十分重视邻里关系，为的是相互团结抗拒灾难。在奇台等一些农民比较集中的地方，大家还集资修建了"屯庄"，也就是城堡。每家每户都在屯庄里有一套住房，还储存着家里的基本生活物资。一旦有了匪患，大家立即撤进屯庄里，关闭庄门，站在高墙上与匪徒对抗。打跑了匪徒，各家又回到自己农田中的宅院里去种地放羊。

共同的抗争经历和厉害关系，养成了新疆汉族豪爽、大气、好客的性格，和重视朋友、邻里关系的习俗。巴里坤、奇台一带的汉族农民有一个互送"冬至饭"的习俗。每年冬至到来时，各家的女主人做好了充分的准备，冬至这天早晨，女主人早早起床，用木耳、蘑菇干、各种冬菜、羊肉和羊肉汤做汤，煮一大锅冬至饭。饭中有鸡蛋饺子、肉馅饺子、猫耳朵（搓成猫耳朵状的面片）、杏皮子（搓成杏干状的面片），盛出若干碗，派家里孩子趁热给邻居家送去。饭中的饺子等做得越小越精致，越表明女主人的心灵手巧。如果哪两家有过纠纷影响了感情，冬至这天两家特意要派孩子给对方送冬至饭，收下了对方送来的冬至饭，两家的疙瘩也就解开了。

摄影：朱正华

摄影: 朱正华

婚 俗

作为深受儒家文化熏陶的汉族, 在新疆边陲之地, 依然严格恪守着老祖宗定下的规矩。年轻人们的婚姻还是"父母之命, 媒妁之言", 对于父母还是"父母之命不可违", 对于婚姻当然是"嫁鸡随鸡、嫁狗随狗", "嫁出去的女, 泼出去的水"。新中国成立后, 这些传统习俗慢慢消亡。

丧 葬

过去通行土葬, 现在大城市已通行火葬, 在中小城市和部分农村也逐渐推行火葬。汉族以注重礼仪、尊长爱幼为美德。主要节日有春节、元宵节、清明节、端午节、中秋节等, 其中以春节最为隆重。

尊祖敬老, 是许多民族的优良美德, 汉族也不例外。在新中国成立前, 民间尊祖的祭祀活动十分隆重, 有严格的程序和讲究, 有时祭、堂祭、节祭、岁祭、房祭、祠祭等。由于儒家文化的关照, 宗族文化成为了核心, 喜欢世代同堂和修订家谱。如果放大了来看, 其实也是中国传统文化的写实, 中国历史上基本是大一统, 即便暂时分裂不久就愈合, 文化的功能由此可见一斑。

姓氏及名字

最初, 汉族的姓、氏是有区别的。原始的姓是母系氏族公社的族号。"姓"字就是由"女"和"生"字合成。许多古姓都有"女"旁, 如姜、姚、姬等, 羌人是华夏族的重要祖源, 姜、姬都是羌人。其他姓都是以封地为姓, 或以山川、官职、职业、原始崇拜物等为姓。

宋朝人编写的《百家姓》内收入单姓共408个, 复姓共76个。近代出版的《中国人名大辞典》, 已收入单复姓共4129个。常用姓氏不过200个左右, 最常见的单姓只有100个, 而以李、王、张、刘、陈、杨、赵、黄、周、吴、徐、孙、胡、朱、高、林、伍、郭、马为姓的人已占全国人口一半以上。

三、节气

二十四节气

是汉族农历特有的重要部分, 在全世界独一无二。通过对月亮的观察和一年四季气候的变换, 他们发现了农事和农活要遵从老天而变化, 这是一个造福后代的发现, 丝毫不亚于四大发明。就是到今天, 汉族农民仍习惯按节气进行农事,

安排农活，即便不从事农业生产的，也把二十四节气作为参考天气的重要依据。

二月二 龙抬头

在内地要画图引龙，而巴里坤汉族人却以啃羊头肉来庆祝这个节日。巴里坤一带的农民常常像维吾尔族、哈萨克族一样，把大块煮肉、卤肉盛在大茶盘里端到客人面前，每人发一把小刀，任由客人自己割肉吃。这与内地农民惜肉如金的习惯形成鲜明的对照。

过大年、春节

阴历正月初一 俗称过年，传统上从岁末除夕、新年正月初一持续到正月（过年时，除夕要守夜，初一要拜年）。俗称"过年"，农村从腊月二十三日开始杀猪、宰鸡、淘黄米、磨豆腐、蒸黏糕、蒸豆包、扫房、糊棚、做新衣服和鞋，购置节日用品。腊月二十三"过小年"，接着贴年画、春联，"除夕守岁过大年"，大年初一互相拜年，初二回娘家，初三开始串亲戚。

元宵节

晚上家家户户门前高悬灯笼，农村中还有撒灯的习惯。有些地方白天扭秧歌，晚上耍灯笼，燃放烟花爆竹，这天一般人家都要吃元宵。

清明节

清明节阳历四月五日，这天人们到祖坟上添土烧纸，焚香磕头以示祭奠。

端午节

阴历五月初五，又称端阳节，主题：吃粽子。农历五月初五，俗称"五月节"。日出前，男女老幼去野外"踏青"，采回艾蒿及柳枝挂于门庭，以示祛瘟气。这天人们都吃鸡蛋和粽子，纪念两千多年前在这天投汨罗江的伟大爱国诗人屈原。

中秋节

农历八月十五，称"中秋节"，俗称"八月节"。中秋节阴历八月十五日举家团圆节，主题：赏月、吃月饼。

祭灶

农历腊月二十三日，俗称"过小年"。传说这天灶王爷上天述职，为了叫他多说好话，人们就用灶糖涂抹灶王爷的"嘴"，意思是希望他"上天言好事，下界保平安"。

除夕

农历十二月最末一天称除夕。

这天贴年画、对联、晚上包饺子，通宵不眠，晚上12时放鞭炮、迎财神、吃饺子。有的人家包饺子时放入硬币、棉团、糖等象征物以预示家庭成员在新的一年里的时运。

七夕节

阴历七月初七，即中国爱情节、情侣节，神话传说中鹊桥相会之日。

四、新疆曲子

新疆曲子起源于陕西、甘肃的"小曲子"。"小曲子"与民歌的区别是，除了抒情之外，还可以演唱一定的故事情节；为了表现情节，小曲子经常会打破曲牌唱腔的结构，自由发挥，还可以在咏唱中加入道白或韵白，其形式与中国传统戏曲一脉相承。在过去的很长时间内，小曲子只是流传于西北民间的小型说唱艺术，经常在农民的家里以演"炕头戏"为主，没有舞台和角色的分工，一个艺人演唱不同的角色，因而没有演出全本舞台剧的能力。

18世纪70年代被流放到新疆的乾隆宠臣纪昀，曾记述过当时乌鲁木齐流行小曲子的情况。19世纪80年代以后，随着清王朝再一次稳定新疆，中国西北地区的移民大量进入新疆，小曲子在天山南北两麓更加广泛地流传。

新疆是多样文化荟萃的地区，各种文化相互交流、补充。新疆曲子在流传过程中吸纳了维吾尔族、哈萨克族的音乐成分，还受到来自同一文化土壤的花儿艺术的影响，特别是精通多民族语言的锡伯族民间艺人

的加工润色，使小曲子开始有了新疆的特色和锡伯族的特色（汗都春）。新疆的特色音乐加上新疆的特色方言，就促成了小曲子成为一个新的戏曲曲种——新疆曲子。

20世纪30年代中期以后，随着新疆抗日战争文化的兴起，新疆曲子开始走出"户儿家"的院门，在乌鲁

摄影：朱正华

摄影：朱正华

木齐、奇台、伊犁等城市的舞台上演出。一开始只是作为秦腔、花鼓戏、文明戏的串场节目，在培养了观众、积聚了实力以后，便成立了自己的戏班，单独演出完整的剧目。先后演出的传统剧目有200多个。还有一些知识分子为他们创作了宣传抗日的新戏，比如《消灭大汉奸》等，演出盛况空前，甚至还出现过为了看新疆曲子演出而踩死人的事件。这个时期也出现了一批声誉很高的新疆曲子艺人，如14岁便成为名角的侯毓敏至今尚健在。

在新疆汉族人聚居的地方，到处可以听到新疆曲子剧的唱段（如今流行文化盛行以后情况大变）。

哈萨克族

摄影：金 炜

摄影：金 炜

一、哈萨克人的来历

哈萨克族是一个古老的游牧民族，语言为阿尔泰语系突厥语族西匈语支，相貌属于蒙古人种西伯利亚类型，使用以阿拉伯字母为母体的哈萨克文字。

哈萨克人的祖先可以追溯到很古远的年代。曾经遍布整个中亚的塞克人（属白种人），至今还在哈萨克人里留下了血脉。哈萨克人的一个族源是乌孙人。汉代时，汉皇室派细君公主、解忧公主、使女冯嫽西出天山，到伊犁草原上与乌孙王昆莫及大将通婚，在历史上留下了真实的记载和美丽的传说。曾令长城以南的中央王朝大感头疼的匈奴人，也与哈萨克人有着血缘关系。有资料可查的哈萨克人族源，有15个古代部族或部落。

中国哈萨克人的生活范围主要集中在天山北部我国的阿尔泰山，一小部分哈萨克人的马蹄踏及甘肃南部和青海一带。中国哈萨克人主要分布在新疆伊犁哈萨克自治州的伊犁、塔城和阿勒泰地区，以及昌吉回族自治州的木垒哈萨克自治县和哈密地区的巴里坤哈萨克自治县；在乌鲁木齐市等地，也生活着不少哈萨克人。

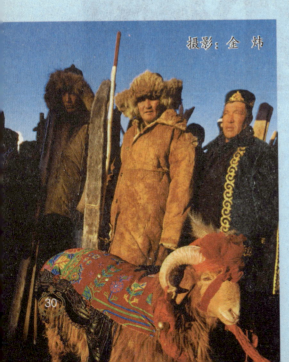

摄影：金 炜

30

二、会移动的白色宫殿

人类最古老的居所

哈萨克人自古以放牧为生，他们的主业是放牧牛羊。

百草长得再快也没有牛羊吃得快，因此畜群不能老是在一块草场吃草，过一段时间就得换换地方，这就是游牧。

游牧就不能把砖木的房屋背着走，于是游牧民族的先民们就发明了毡房，古代汉人称毡房为"穹庐"、"毡庐"等。

有时候，大草原上只有孤零零的一顶毡房，有时候会有数顶毡房搭在相近的地方，看似随意，其实这完全取决于世代相袭的牧区划分、亲缘关系、部落分布和当年的水草情况。

每一顶毡房里都是一个文化单元

进入毡房自右起，第一处空间是厨房，第二处空间是主人的卧室，第三处空间是用于接待客人和做礼拜的地方，第四处空间是儿媳妇的香榻。

因此当你进入哈萨克人的毡房以后，不可随意乱走乱坐，随意侵入主人的领地，有冒犯主人习俗规矩之嫌，起码是不懂礼貌的表现。你应当坐在哪儿，留意看主人恭让的手势就行了。当然，在那些特意为旅游者准备的毡房里，可以随便一些。但是，如果疲惫的男女旅游者们混躺在本应该是儿媳妇睡觉的地方，这情景会令主人家费解和耻笑。

毡房虽然不大，但住宿与放置物品的地方也有严格的区分。正对天窗的地方是火塘，用以做饭、取暖和夜间照明，燃料当然是就地取材，烧木柴、红柳和爬地松，在远离树林的大草原上，就烧牛粪饼甚至羊粪蛋。做饭煮肉用铁锅架支起锅子，烧奶茶则支起铁三脚架。有时为了方便，从河滩里搬来三块卵石支起锅，

摄影：沈 剑

同样也能做得出香味扑鼻的饭来。现在许多哈萨克毡房中设置火塘的地方放着铁皮炉子，这种铁皮炉子大多为便于烧木柴的方形躺炉。

哈萨克族人的见面礼仪

哈萨克族人热情好客，认为只要来到家门前的就是客人。他们认为客人是上天恩赐的最好礼物，对客人的到来总会热情欢迎。到了哈

萨克族人家里去问路、打听事或者从事公务活动,他们也会把你当客人一样热情招待。

客人来了,哈萨克族人会全家出门相迎,主人老远就迎上去,行抚胸礼。主人热情地扶客人下马并接过客人的马鞭子,将马牵走精心饲喂。

主人家的家长与客人握手热情寒暄,请客人坐在贵宾坐位上。女主人会殷勤地为客人铺好餐布、端上包尔沙克(油炸面点)、烧茶献茶。如果客人不急着走,主人还会张罗着做饭。

摄影:金炜

摄影：金炜

摄影：沈桥、沈剑

三、传奇的一生

剪断花绳，与邪恶一刀两断

孩子一岁会走的时候，要给孩子举行一个"迈步礼"。这一天，家里的长辈给孩子穿戴一新，用抹过羊油的羊毛花绳做成绊绳，把孩子的双腿捆起来。这根花绳子要等着由一位女性长辈剪开。

仪式开始后，主持人将孩子女性长辈们请到毡房外的草地上，距离毡房一二百米的地方预备，随着主持人的一声号令，那些女长辈们便用自己最快的速度向毡房跑去。跑在最前面、首先跑进毡房的女长辈，就获得了为孩子剪断羊毛花绳的荣耀，由她接过主人家递过来的剪刀，一边口念着祝祷词，一边把孩子双腿上的羊毛花绳剪断，主人家要向这位女长辈送上一份礼物。等其他女性长辈陆续跑进毡房，大家喜气洋洋地往孩子身上撒包尔沙克和糖果，祝愿孩子长大以后像给他剪断羊毛花绳的女长辈那样腿脚利索、身体健康。

那条羊毛花绳还有另一个含义，即邪恶之路。剪断它，意味着孩子以后善良、正直。哈萨克俗语中有"不要走花绳子的路"一说，意即不走邪路。

骑上马背才算拥有了行走的自由

哈萨克人是马背民族，骑马如同走路一样重要。因此孩子到了五岁，都要举行一个上马礼仪式。

这一天，家长要给孩子穿戴整洁，肩膀上插上猫头鹰的羽毛。哈萨克人崇拜猫头鹰和白天鹅，女孩头上、男孩肩上插猫头鹰或白天鹅羽毛是最美最庄重的装饰。

孩子的马鞍是长辈们为孩子专门制作的，比一般的马鞍多了几根撑条和围圈，能将孩子舒舒服服又牢牢靠靠地捆在鞍子上，防止孩子从马背上掉下来。将孩子抱上马背，父亲牵着马四处拜亲访友，所到之处，主人都会给孩子赠送一些礼物，一般都是驭马器具，并说一些热情洋溢的话。

长孙成为爷爷奶奶的儿子

哈萨克人有一个十分奇异的传

统习俗，就是每对夫妻生下的第一个孩子要送给父母，孩子从此就提高了辈分，成了父母的孩子，称他的祖父母为爸爸妈妈，而叫自己的亲生父母为哥哥嫂子，在家中与亲生父母平起平坐。

另外，哈萨克人在长期的游牧生活中需要更多的牧人和战士，但是他们不歧视女孩，对男孩女孩都一样视为掌上明珠。孩子长大以后，男子负责放牧和战斗，而妇女则承担起挤奶、擀毡、做饭和一系列沉重的家务劳动。男人与女人就像冬不拉琴的琴体与琴弦一样，缺了谁都奏不成生活乐章。

小伙子的心里话对嫂子讲

在过去，哈萨克族提亲通常是父母包办，青年男女对自己的终身大事无权参与。现在，青年男女尽可以自由恋爱，但是提起婚事的却必定是小伙子。当他看中了一位姑娘，而是否能迎娶，决定权还是在父母手里，必须得求得父母的支持。但是他的心事又不能直接告诉父母，于是他就只好求嫂子来代为请求。别担心

摄影：金 炜

小伙子没有嫂子，他自己家里没有哥哥，全氏族的嫂子都是他的亲嫂子。

当父母听说儿子的心已经被一位姑娘拴住了，自然是高兴得很，他们会立即张罗着到姑娘家里去提亲。

老泰山考女婿

给老岳母献过"喂奶费"，准女婿就可以随时到姑娘家来。这也是这位准女婿最乖巧的时候，姑娘家的苦活累活，他都会抢着干。

在这期间还有一件十分重要的节目，就是未来的老丈人要对准女婿进行面试。老爷子会找一个借口把小伙子叫到跟前来，问他各个部落的历史，让他背出本氏族七代祖先的名字。如果小伙子连自己祖先的名字都背不下来，说明他要么智力有问题，要么从小不学好，是个歪苗赖驹，对这样的人，家家都会把他毫不客气地赶出去，再不许他在这块地盘上露面。那么这门亲事也就泡汤了。好在哈萨克人里面还没有这种年轻人。

婚礼要举办三天

哈萨克人的婚礼分两个阶段，第一阶段是在新娘家进行的，这就是出嫁仪式，时间大多安排在天气宜人、景色最美、家家丰收的秋天举行，这是最隆重的人生礼仪。

出嫁仪式要举行三天，出嫁仪式的第一天，姑娘家里已经为出嫁的女儿准备一顶临时小毡房，用料当然都是新撑杆、新毡幕。家里把嫁妆

摄影：沈 桥

放入这顶小毡房，并令姑娘从父母居住的大毡房里搬出去，住进这顶小毡房。家里要请部落中一位德高望重的长辈来为新娘入住小毡房行揭门帘礼，新娘的亲密女伴们都来陪伴她，直到把她送走。

本氏族的姑娘远嫁他乡，这多少会令氏族里的兄弟们感到有些伤感。他们骑着马，一边弹着冬不拉唱着婚礼歌向小毡房而来。小伙子们在小毡房前下马，掀开小毡房下的围毡，唱起了《劝嫁歌》。

新郎带着贵重的礼物、率领着迎亲队伍来到新娘家的毡房外边，新娘家的长辈会向新郎及伴郎抛散"喜食"，以示热烈欢迎。

出嫁仪式开始，乐手便弹响了冬不拉，大家合唱婚礼歌。婚礼歌一般是一人领唱一句，大家合唱一句。歌词大都是即兴之作。主人家则忙前忙后地给大家分送糖果、点心、送水递茶。

举行出嫁仪式这一天，会在草原上举行叼羊、赛马、姑娘追等活动。而在新娘家的毡房里，或者毡房外面的草地上，四面八方涌来的歌手们聚集在一起，不知疲倦地唱起歌来。

摄影：沈 剑

歌舞宴乐持续到半夜的时候，主人家会为大家献上一顿丰盛的夜餐，一般是手抓羊肉。吃过夜饭，庆典晚会继续进行，一直到第二天早晨。在小伙子们反复多次地唱了婚礼歌之后，新娘的嫂子会代表新娘唱起《哭嫁歌》，用凄婉动情的曲调

摄影：沈桥

诉说姑娘别离亲人的伤感和对婚后生活的担忧，但现在的哭嫁歌里，多了许多机智的要求和幽默的调侃，歌词也大都是即兴之作。

第二天，大家不再狂欢，因为折腾了一天一夜，都很累了。在平静的气氛中，新娘家广邀亲朋，展示新郎送来的聘礼和彩礼。这一天，要请本教区主持教务的阿訇（宗教神职人员）来为新郎新娘诵经祝福。家里人在阿訇面前放一木碗糖水，阿訇诵经之后，把这碗糖水送给新郎、新娘和在座的亲属、贵客每人喝一口，象征着祝福一对新人婚后生活甜甜蜜蜜。

第三天，新娘的女伴们来为新娘装扮。在即将离家赴夫家的时候，新娘会唱起祖辈相传的《哭嫁歌》，而新娘的嫂子和女伴们则唱起《劝嫁歌》，再一次给新嫁娘讲述男婚女嫁的道理。

离家启程的时间将到，一位平时与新娘最亲密的老婆婆把一条长披巾盖在新娘的头上。婚纱加顶，新娘哭得更伤心动情了。几位年轻嫂子一边劝着，一边挽起新娘，把新娘扶到父母的毡房里，新娘唱着《哭别歌》，与在场的长辈和女性伙伴一一拥抱，并给相拥者唱一段《告别歌》，大意是请家乡的亲人们多多保重，祝愿亲人们安康，祝愿家乡远离灾难。

姐夫送新娘子出嫁

该上马启程了。临上马以前，女长辈手举一包奶疙瘩在新娘的头上绕三圈，祈愿新娘避灾趋吉、路上平安。父母向女儿唱起了《送别歌》，祝女儿一路平安、婚姻幸福。新娘的哥哥把新娘扶上马，新娘的姐夫与新娘同乘一匹马，把新娘送出牧村。上马以后，姐夫会提醒新娘不要再哭，也不要回头张望，取"婚姻不走回头之路"的意思。姐夫打马快行，把新娘送出村外他便下马返回。

新郎带来的结婚用品和新娘家的嫁妆都事先捆到了骆驼背上，这些东西要带到婆家去。捆东西自然是男人们的事，但是驮子上的最后两根绳头得要等着牧村里最受人尊敬的老婆婆来绑。这些福婆婆们会拉起驼背上的那两根绳子和两条彩色的布带结在一起，以此来祝福新郎新娘的心紧紧结合，也意味着婆家娘家两个家庭结成了一个家庭。

步行走进婆婆家

新娘被新郎接回，在离新郎家还有大约一公里路程时，新娘下马，在伙伴们的簇拥下向自己的新家步行而去。

婚礼的第二阶段由此开始。

牧村中的一位品行好、才艺双全的年轻人被邀请来担任婚礼的司

仪,他胳膊上系着彩色布条,手持缠着红绸布的马鞭,唱着赞美歌,率领众人把新娘迎进夫家。

进了夫家的门,新娘首先向公婆和长辈们行礼,再往生火的盆子里撒一些和着羊油的面粉,以祝愿以后的生活红火温暖。油火燃旺的时候,在场的人齐声赞颂:"火是神母,油是神母,给我们安康和幸福!"这显然是火神崇拜的遗风。

司仪唱起《揭面纱歌》,向大家介绍着新娘的美貌和品德,一边用包着红绸布的马鞭子挑开新娘的盖头。人们争相欣赏新娘的娇容,并用一些风趣的话逗新娘,婆婆则赶紧拿出一块花布,撕成布条分给大家,以示与大家同喜。

时辰已到,大家端坐禁言,本教区的毛拉带领大家默诵祷告词,并朗诵特定经文为一对新人证婚。之后,他将盐水淋到馕或者油点心上,把这馕或油点心分给新郎、新娘、新郎的家人,人们当场吃下。紧接着,公婆要给新媳妇献上一碗热茶,以示祝福。

新娘接来以后再布置新房

哈萨克族小伙子刚结婚时还不能与父母分家,还得与父母住在一起。因此新婚夫妇的"新房"或说是"洞房"实际上就是在大毡房中最左边的一个专用铺位,或者是特意准备的一张大床。新娘接来以后,男方家的女性近亲才着手把婚床收拾装扮起来。小两口得在这个铺位上一直住到家里的经济条件或环境条件允许搭起一座新的毡房以后,才能与父母分居。

新娘要坐在绵羊皮上

进入洞房的新娘坐在刚宰杀的绵羊的羊皮上。这个习俗的含义很多,比较统一的说法是以此来祝福新娘生孩子的时候顺利,但是也有其他的说法,大约有"新娘的到来会使畜群兴旺","夫家愿把财富和温暖全部送给新娘","愿新娘使夫家人丁兴旺"等等,当然也有"愿新娘像绵羊一样温顺"的含义。

公婆早为新媳妇准备好了饭,送给新娘吃的第一顿饭是羊肉中最好吃的羊胸骨肉。新娘接到羊胸骨肉以后,要向公婆行半跪礼表示感谢,并请公婆先品尝。在公婆的催让下,新娘才开始吃肉。

主人家倾其所有款待来贺喜的宾客们。按伊斯兰教的教俗,男宾女宾们是被隔离开的。因居住条件所限,毡房里的是女宾,而男士们大都在外面的草地上。

有的婚礼,还会举办叼羊、赛马等大型文体娱乐活动。在活动开

摄影：沈 桥

始之前，主人家要向参加活动的人抛撒包尔沙克和糖果以示感谢与鼓励。叼羊、赛马活动中的优胜者，主人家会给予衣物、布料、鞋子等奖品。

叼羊、赛马和姑娘追

叼羊是最有草原文化特色的文体娱乐活动。骑手们分成两拨，争相抢夺宰杀过的羊，抢到羊并送进终点的人为最后胜利者。这是哈萨克青壮年人展示自己的高超骑术、剽悍体魄与勇猛精神的好机会，因此他们乐此不疲。

赛马的骑手是一些小孩，因为孩子体重轻，马匹容易跑得更远更快。赛马是大家最热衷的赛事，因为大家的心都牵挂着自己的孩子或小弟弟的名次。

姑娘追（或追姑娘）是哈萨克族独特的娱乐形式，是最富有地方色彩的文娱形式。游戏在青年男女之间进行，游戏的规则是，在一片宽阔平坦的草地上选一个起点和终点，男女青年自愿相邀出场，向终点打马驰骋的时候，姑娘在前，小伙子在后，小伙子可以用各种语言挑逗姑娘，而姑娘则紧闭香唇一言不发；到达终点后，小伙子则要立即拨转马头往回狂奔，姑娘则像换了个人似的纵马挥鞭，追打小伙子。哈萨克男人讲究为人含蓄持重、彬彬有礼、言语得体，讨厌轻佻的举止。但是在举办姑娘追游戏的时候，哈萨克族小伙子可以在大庭广众之下毫无顾忌地、甚至放肆地向姑娘调笑（仅限于言语）。哈萨克姑娘个个温柔、内秀、善良，但是在姑娘追游戏返程的时候，她却可以大发雌威，毫不留情地鞭笞小伙子的脊背。那些骑术欠佳、被姑娘所鄙视的小伙子，会被姑娘的皮鞭抽得大抽冷气，背上一定会鞭痕累累，全然没了谈情说爱的兴致；而那些驭得了烈马、骑术高明的小伙子，不但能避开姑娘的鞭笞，还能引来姑娘的青睐；更有一些风趣幽默、充满智慧，同时又英俊潇洒、身手矫健敏捷的小伙子，一路走来已经令姑娘怦然心动，在返程的路上，姑娘自然会鞭下留情，甚至只是虚晃马鞭帮助小伙子赶马而已。如果姑娘的鞭子高扬而轻落，鞭子抽到小伙子脊背上时，传递过来的是姑娘无尽的温情，小伙子的背上挨了这样的鞭子，只怕是全身暖流涌动，麻酥如醉了。有道是"打是疼骂是爱"，有歌为证：

……我愿做一只小羊
跟在她身旁
我愿她拿着细细的皮鞭
不断轻轻打在我身上 ……

（王洛宾《在那遥远的地方》）

平静地死去，郑重的告别

哈萨克人去世之后，按伊斯兰教教俗实行速葬，有"好人早升天堂"的说法。遗体在家停放一天，若等待远方的至亲赶回来哭别，最多不超过三天，由近亲点灯守灵。尸体清洗后用白布缠裹，安放在灵柩内，请宗教人士为死者诵经赎罪，之后将灵柩抬到户外，举行公众告别仪式。

每个氏族或部落都有自己传统的墓地，距墓地远的人家，要用骆驼把尸体驮到墓地去，一路上要用毯子盖着灵柩，防止阳光照射灵柩。墓穴一般为长方形直坑，下掘一洞穴放尸体，尸体头南足北面朝西（西面为伊斯兰教圣地麦加的方向）。在尸体入穴之前，来送葬的人依次往尸体上放一把土，然后尸体落墓，培土填平。

死者入葬后，生者要为死者举办三次大的祭奠活动，依次是7天祭、40天祭和周年祭。

挂旗祭丧

一个人去世了，是这个家庭的重大损失，因此亲属们和本氏族、本部落的乡亲们会不断地给死者家中送来食物、白布和牲畜。如果死者是受人尊敬的人，他曾居住的毡房旁边要竖起木杆，挂上丧旗，早天的年轻人挂红色丧旗，老年死者挂白色丧旗，中年死者挂红白各半的丧旗。

死者的衣服要妥善保存，乘骑要剪去尾毛和鬃毛，并从此不再驮人。转场或搬家时，需将死者生前所用的马鞍和衣物统统挂在马背上，并由死者的妻子领着走。同时还要带上致哀的旗子，经过别人的毡房时都要唱挽歌。

哈萨克人非常重视为死者举办周年祭仪式，往往在这一天举行大型活动。周年祭日时，家里人将死者的衣服带到墓地上祈祷，之后将这些衣服送给与死者关系密切的老人。死者生前的坐骑被带到毡房门口，家人与宾客们唱起挽歌向老马告别，然后将这匹马宰杀，马头、四蹄和马皮供奉到死者坟前（也有将马皮施舍给穷人的），马肉大家食用。在死者曾居住过的毡房里还要举行火祭仪式，火炉里倒入羊油或酥油，引得炉火熊熊，油烟味熏染毡房，并冒出天窗。

哈萨克人实行土葬，普通人的坟堆有用土堆筑的，有用石块堆砌的，在林区还有用原木架构的。

摄影：朱明俊

四、戴着艺术穿着文化

圆锥形的帽筒、精心绣制的花纹图案、顶上缀一撮具有神圣意味的猫头鹰的羽毛，这是哈萨克姑娘与女士们的盛装女帽，这种帽子是在郑重的场合、隆重的仪式、盛大的节日或文艺表演时才戴的。在日常生活中，女孩和年轻女性则戴着圆形的便帽。虽然是日常服饰，却也经过了精心的加工和装饰。

头巾虽然不如帽子那样富有个性和文化色彩，但是年龄大一些的哈萨克妇女更喜欢戴头巾。

上了年纪、受到人们尊敬的妇女，要佩戴由头巾和头套组成的套饰，哈萨克语叫做"奇勒吾希"和"柯姆协克"；这两样头饰搭配为一体，不单独佩戴，是哈萨克中老年妇女日常与仪式两用佩饰。

哈萨克男子也有戴头巾的习俗。男子头巾捆扎在头上，头顶不需要的时候就解下来扎在腰间。

"库勒帕依"是一种类似于现代风雨帽的帽子，也是哈萨克男子最钟爱的帽式，戴上它就生出一种英武的骑士风采。

哈萨克人的冬帽叫做"图玛克"，保暖、轻便，适于骑着马在野外活动。哈萨克人生活的地方也是各种野生动物最多的地方，狐狸、旱獭等产裘动物遍布四野。就是再普通的哈萨克牧民，他的那顶"图玛克"可能就是用价值不菲的名贵裘皮制成的。

哈萨克妇女有一种极为独特的服式，哈萨克语叫做"拜勒代切"，是系在后腰上保护臀部的四方形帘裙。这是老年妇女的装束组件之一，平时系在后腰上，坐下是便用做坐垫。

摄影：沈 桥

40

摄影：沈桥

五、心灵手巧的爱美者

哈萨克人受伊斯兰教的禁忌，用以美化生活的主要方式是以表现花卉与几何图案为主的工艺美术。

毛毡

贴绣花毡是哈萨克人最富特色的花毡制作工艺，把各色彩布剪成图案贴到本色毡上，再用彩线缝绣而成。但因为是手工，哈萨克人用的再简单不过的毛绳，也是经过独具匠心的装饰的。

山中、草场或荒原上常见的芨芨草，经过哈萨克妇女之手，就成为漂亮的草簾子。这种草簾子用做毡房墙上的围簾，隔风防雨增暖；用做擀制毛毡，得心应手；还可以用这种草簾子搭棚子、做围墙。

雕饰

哈萨克人对马具不遗余力地进行美化加工。马具匠人同时也是民间的工艺美术家，他们把哈萨克人的基本生产生活工具——马具精雕细镂，几乎每一寸都不留空白。

哈萨克人的皮具中，构思最巧妙、造型最奇特，既实用又极富美感的当属皮酒囊了。皮酒囊用马皮或骆驼皮制成，出门远行的时候随身携带，可以盛马奶或其他饮料。

六、歌舞是生活的另一半

阿肯弹唱

　　在风和日丽、草美畜壮的季节，草原上往往要举办阿肯弹唱大会，各地的阿肯们汇聚在一起，对唱赛歌，几日几夜不息。阿肯们的弹唱大都是现场即兴编词对唱，比赛谁的歌词编得好、曲调选得好、冬不拉弹得好、嗓音好，是一次综合素质的大比拼。比赛最后产生的阿肯王，成为草原上最受人尊敬崇拜的人物。阿肯弹唱大会起码一年举办一次，这个大会就成为这片草原上一年中最盛大公众文娱的活动。

阿依特斯

　　"阿依特斯"意为对唱，是阿肯弹唱的一种常用方式。两个人或者四个人分成两组，用问答的方式我唱两句你答两句，或者你唱一段我答一段。对唱的音乐都是从大家熟悉的民歌曲调中选用的段落，歌词全靠即兴创作。甲方拿起冬不拉一弹，歌词随即从口中唱出；尾音刚完，乙方便弹着冬不拉回答甲方的提问，语言既要简明扼要，又诙谐幽默，语句合仄押韵。与其说对唱是"唱"，还不如说"阿依特斯"更像是两个诗人在比赛即兴作诗。"阿依特斯"是诗和歌最完美的结合，是"唱的诗"或者是"说的歌"。

　　阿依特斯具有比赛性质，常常能分出个胜负高下，这也是最吸引人的地方。

哈萨克铁尔麦

　　铁尔麦是哈萨克谚语、格言、诗歌或其他文艺作品中撷取精华，配以曲调演唱的一种"劝喻歌"。

　　演唱铁尔麦的有专门的"铁尔麦奇"，内容是传播生活哲理，对人们的思想行为进行劝戒，对不良言行进行讥讽和批判，传播各种有益的知识（比如卫生与健康知识），宣传某理念（比如进步发展的理念等等）。铁尔麦奇为了使演唱更加多彩，也需要调动诙谐和幽默的手法，但是不唱低俗的段子，也不特意演唱滑稽小品，而是用富于智慧的比兴和讽刺手法。

摄影：金 炜

42

六十二阔恩尔

"六十二阔恩尔"就是"六十二套曲"。它集神话、音乐、舞蹈为一体，通过乐器演奏、冬不拉弹唱、独唱、对唱、单人舞、双人舞、集体舞及诗歌吟诵等形式进行表演。每一部套曲结构都由一个主旋律和若干变奏曲组成，其中每一首乐曲既是《阔恩尔》主旋律的有机组成部分，同时又具有和声特色的独立乐曲。套曲有曲调丰富、结构严整的共同特点，而每组套曲又有各自独特的音乐风格。每逢重大节日、礼仪喜庆、朋友聚会、迎接宾客等活动都少不了"六十二阔恩尔"助兴。

喀拉交勒哈

"喀拉交勒哈"意即黑走马，是哈萨克族代表性的舞蹈。所表现的是与马有关的舞蹈语汇，也是哈萨克族的民族基本舞。

除了基本舞蹈以外，哈萨克人还有大量的有主题的、可用于表演的、有一定情节的传统舞蹈，这些舞蹈以其模拟某一种活动和事物见长。有模拟公羊相斗的《斗羊舞》，有模拟擀毛毡的《擀毡舞》，有模拟婚礼活动的《婚礼舞》，有模拟熊和天鹅的《瞎熊舞》与《天鹅舞》。哈萨克是最贴近大自然的人，他们可以近距离地、长期地观察各种野生动物。在这类舞蹈中，哈萨克人用惟妙惟肖的动作表现了野生动物们的xi相貌特征、习性与憨趣，在给人以愉悦的同时还给人以认识世界的知识。这类舞蹈有时会有两人合作表演，一人演野生动物，一人演猎人，向人们、尤其是孩子们传授狩猎知识。表演这类舞蹈往往需要化妆。

哈萨克人的传统舞蹈中还有一种舞蹈，称为"道具舞"或"执具舞"，比如《马奶酒舞》。舞者手持盛满马奶酒的碗（多用木碗），表演出各种舞姿和高难度动作。

七、禁　忌

哈萨克人不吃猪肉，不吃一切未经诵经宰杀而死亡的动物的肉。不吃驴肉但吃马肉。不屠宰幼畜为食。

反对糟蹋庄稼，反对拔地上的嫩草。因此不要在草原上采花拔草、制作花冠。

不许用手脚和棍棒踢打牲畜的头部。当着母亲的面不能夸她的孩子胖或重。

骑马来到哈萨克人的毡房旁，要在毡房的左侧或立有拴马桩处下马；只有报丧的人才在毡房正前下马。

不能当着主人的面打他的狗，他们也有"打狗伤主"的说法。

不得在毡房里剪指甲、擤鼻涕、吐痰、脱光衣服或内衣穿得太少暴

摄影：金　炜

露了大腿。

骑马遇到羊群应当绕行，不得从羊群中穿过。

骑过借来的马后不要自作主张地卸鞍、喂马。

见到毡房门上挂有红布条时不得进入这个毡房，这个毡房里正有女人临产或有小孩出麻疹、水痘，如果这个时候外人闯入等于是把灾祸带给了这一家人。

严禁在流动的水中大小便。

严禁捕猎鸽子、鹰和猫头鹰，这些鸟都是哈萨克人原始信仰中的图腾。他们认为杀死一只鸽子的罪过等于杀死了100个人的罪。

即使你是左撇子，在接主人家递过来的东西时也要用右手，伸左手是对主人的不礼貌。

毡房中有人在做礼拜，不能从其前面经过，也不能喧哗。

吃饭、喝茶时不能从餐布上跨过。在餐布收起来之前不要随意离位或出门；如果确有要事需离开，要将餐布的一角折起来，表示要提前离席。否则，主人家会认为你是一个来讨饭的人。

进入毡房，要从房中炉灶左边上炕入座，那里是接待客人的地方；而不应从右边上炕，那里是主人卧处。

如果一直戴着帽子，在吃饭的时候就不要摘下帽子，否则会被主人误认为你对主人不礼貌、不尊重。

客人要进长辈住的大毡房而不要进入孩子住的小毡房。

洗手以后不要甩手上的水。

进入毡房不要乱翻乱动、大呼小叫，一切要听从主人的安排。

吃馕的时候无论再饿也不要捧着一个馕便大啃大嚼，而应掰成小块慢条斯理地吃。

回　族

一、海上丝绸之路送来的民族
——回族的起源

　　回族的历史没有汉族、维吾尔族那么悠久，是一个在中国土地上重新诞生的民族。回族主要分布在我国西北、华北、东北，由西向东像地势回到平坦似的，人口数大致呈递减状态。

　　回族是回回民族的简称。大约在公元七世纪，中国唐朝时候，一些头缠白布的阿拉伯商人到中国经商，留居广州、泉州等地，建筑了大规模壮丽的礼拜寺。唐朝以后历经五代至宋末逐步习惯了中华大地的水土，在这里娶妻生子，留了下来，为中国新增添了一个民族。至于回回这个称呼，则是一直到元朝统辖了东南各省以后，在元朝官方文书上他们才被称为"回回"，从此他们自己也就以"回回"自称，完全可以说回族是海上丝绸之路送来的民族。

二、新疆回族习俗

新疆曾是亚洲东部与西部交流的人文荟萃之地，是"人种蓄水池"。回族是新添的成员。回族在新疆形成大型群落，主要还是在清王朝战胜了准噶尔部蒙古人的叛乱之后，随着大规模的移民，回族人从陕西、甘肃、宁夏、青海移居新疆。比较集中的地区是天山北坡以昌吉回族自治州为中心的农业地区，伊犁地区也有大量的回族聚居的村落。

回族人没有文字，也没有自己的语言，但天性聪明的他们却和汉族以及其他民族关系非常融洽。由于长期和汉族生活在一起，对汉语使用非常熟练，但对伊斯兰教的信仰使他们保持了民族的特性。主要使用汉语和汉文，其方言属汉语西北方言体系，保留了不少古汉语，北方方言口语词汇和外来语词汇。回族语言中还保留着阿拉伯和波斯语汇，如见面时相互说："撒拉木来库木"，朋友称"多斯"，敌人叫做"都什曼"，还有"安拉"，"胡达"则系一般口头语，多数通维吾尔语。尤其是在新疆的清真饭馆，如果回族老板是一口流利的维吾尔语，不用奇怪，对他们来说，这都是小菜一碟。

人生礼仪

孩子生后有讲究 回族受伊斯兰教影响很深，在自己的生活方式中无处不彰显出这种影响。如诞生礼中回族妇女临产时的洗大净，命名礼中给婴儿取伊斯兰教先贤中的名字，向婴儿的左右耳朵分别念"班克"和"尕麦体"，见面礼中的道"色俩目"以及割"逊乃提"等等，都是从伊斯兰教沿用来的。回族妇女生孩子前，不为孩子准备衣物，孩子生下后，把老年人的衣服拆了给孩子做衣服，谓之"多寿"。头胎孩子满月时，大宴宾客，为孩子做满月。婴儿出生第7天，请阿訇到家，家人把婴儿包裹好抱到房门口，对孩子耳朵吹一口气取一个经名，到了学龄取学名。男孩到了7岁，便请阿訇到家为孩子举行割礼。阿訇为孩子诵经祝福，为他做割礼手术，再请亲友，以示祝贺。

吃臊子面祝福孩子 回族也有自己的传统文化。如诞生礼、命名礼、抓周礼等，把对孩子的爱表达在用羊肉臊子面款待朋友，用长长的面条祝福小孩长命百岁，婴儿满月剃头

摄影：包建忠

46

或有病散乜贴，以求吉利。

令人敬重的简单 回族人生仪礼习俗严格遵照"两不"：不大操大办，不搞繁文缛节，简单简洁，郑重认真。

豁达的生死观 回族人死了叫"归真"，即"回到真主那里"之意。人死了，家属不能过度悲伤，更不能捶胸顿足，嚎啕大哭。也不能给死者下跪磕头，只能下礼（俯着单腿曲跪）。安葬死者，不用棺材，实行软葬。

接待热情暖心田 回族也是一个非常好客而热情的民族，有着"持家从俭，待客要丰"的优良传统，重视待客礼节，让来客心里头暖洋洋的。客人和男主人交谈时，贤惠的女主人就赶紧到厨房去准备丰盛的饭菜了。上饭菜之前，主人首先要上盖碗茶。倒茶水时要当着客人的面将碗盖揭开，然后盛水加盖，双手捧递。这样做，一方面表示这盅茶不是别人喝过的余茶，另一方面表示对客人的尊敬。客人要走立，双手接茶盅。进餐时，上席长者先动了筷子，其他人才能进食。这个时候切记不要说脏话，不要挑剔食物，不要莫名其妙地向碗里吹气，也不要用筷子在碗里乱搅动，要小口进食，认真地吃，礼貌地吃，细细地品，慢慢地回味。当客人道别时，回族总是满脸笑容，并一再挽留，一直将客人送出自家大门。

做礼拜要净身 回族人中传统意识较浓重的人士也是一天做五次礼拜，礼拜前要认真洗漱，分"大净"和"小净"。大净要清洗全身，小净要洗脸（包括清洗外耳、鼻孔、脖子）、刷牙漱口、洗手（包括清洗胳膊）、洗脚（包括清洗小腿）、洗下身。

三、婚礼透出浓浓的人情

"掐亲"吃"牛八碗"

回族儿童碰到新娘尽管争先恐后掐新娘，而新娘绝不会生气，回族人管这习俗叫为"掐亲"。接亲的人们返回到男方家后，由男方家宴请宾客。回族群众宴席一般吃"牛八碗"，即用牛肉加工制作的牛肉冷片、酥牛肉、蒸牛肉、牛肉丸子、牛杂碎、凉鸡、黄条、冻拌各一碗。八人一桌，不待酒，以茶为主，严禁吸烟。

"开口礼定终生"

回族人的婚姻习俗由男方托媒人去女家提亲，要送"开口礼"，用四种颜色各异的纸包糖、茶、干果、糕点送给女方家，即表示不同意或暂不同意。女方若将"开口礼"留下，表示同意这门亲事；若退回"开口礼"，即表示不同意或暂不同意。女方有多少直系亲属就送多少份，接受男方"四色礼"的亲属在姑娘出嫁时陪一份

摄影：赖宇宁

嫁妆。男方要给女方送几套上好的衣料、手表、鞋、化妆品以及耳环、戒指、手镯等首饰。双方商定结婚日期。订亲这天，女方要向未来的女婿回赠礼品，一般是帽、鞋、袜等。

回族结婚仪式有的地方是在晚上进行。在红烛光温暖的照耀下，新郎新娘开始了人生相伴的第一课。阿訇主婚、念经证婚，为新郎新娘取经名祝福，同时把喜糖送给新郎，由新郎撒入房中让大家抢。晚上和汉族人一样要闹新房。

"陪郎是公关"

在回族婚礼中，有一个最忙的人，那就是"陪郎"，必须是个已婚的帅小伙，他是最好的公关手，能随机应变，诙谐幽默。要陪新郎娶亲，遭到女方家故意为难时，巧妙应对，帮新郎顺利进门抱得美人归。所以有"新郎好当，陪郎难做"的俗话。

"闹公婆"

无论哪个民族，儿子娶媳妇都是一件大事，而且都要把婚礼办得欢天喜地。回族自古以来深受汉族礼教的影响，在儿子、媳妇和小辈们面前，做父母的总是要表现得矜持庄重，即使是家里面在办喜事，也不能轻佻狂放，有失体面。但是新疆回族与新疆汉族一样，在儿子的婚礼期间"三天之内无大小"，而且还特别喜欢把操劳了半辈子的老两口戏弄一番。

举办婚礼时，同村乡邻或亲友们聚到办喜事者的家里，一起动手，用锅底灰涂黑了新郎母亲的脸，把胡萝卜做的"项链"、红辣椒做的"耳环"给婆婆戴上，还让她拿把扫帚当扇子。乡亲们把公公的脸涂成五颜六色，戴上纸糊的大帽子、穿上奇形怪状的大袍子。大家起哄让老两口表演节目，常见的节目有"倒骑毛驴"，也就是公公把婆婆抱到驴背上，让婆婆倒骑着驴，公公赶着驴在村道上巡游。还有"抱孙子"、"拉车"、"扭秧歌"等等。这个习俗源于陕甘的穷乡僻壤，后来成为新疆汉族与回族的婚礼习俗，至今仍然盛行。

"回门认亲"

结婚的第二天叫回门，新郎新娘回娘家，主要是新娘家请客，新郎和新娘家众亲友会面认亲，后双双返家。第三天叫复门，新娘单独回娘家。至此，整个婚礼方告结束。

摄影：宋士敬

四、饮食

回族人经营的街头小吃凉粉、凉面、凉皮子、面肺米肠，成为新疆的名小吃。回族喜欢吃的菜肴有：蒸羊羔肉、手抓羊肉、羊肉泡馍、羊肉粉汤、黄焖羊肉、羊肉串、辣子炒鸡、烧鸡、烧牛肉、羊杂碎等，无不味道鲜美，各具一格。

"九碗三行子"

"九碗三行子"是新疆回族的传统婚宴。在一个大托盘上放九只大碗，横看竖看都是三行。碗内是传统回族美味菜肴，荤素搭半，中间一碗是凉拌三丝等凉菜，热菜全部是蒸菜。大托盘被抬放到餐桌上，刚好是一桌喜宴。上菜的同时配有油香（炸油饼）、花卷等主食。宾客们吃过喜宴尽快离席，腾出座位给下一桌宾客，宾客们坐齐，又一桌大托盘被抬上来，大家吃完再为下一桌宾客腾出座位。于是新疆回族中就有个俗话，叫做"九碗三行子，吃了跑趟子"。

盖碗茶

新疆回族的生活中也离不开茶，请人吃饭叫做"请喝茶"，订婚叫做"订茶"，送礼叫做"送茶"，可见茶

摄影：宋士敬

在新疆回族人习俗中的重要。回族还有喝盖碗茶、糖茶的嗜好。所选茶叶一般以"陕青"、"茉莉"为主。喝盖碗茶的花样甚多，如用陕青茶、白糖、柿饼、红枣沏泡"白四品"；用砖茶、红茶、红枣、果干沏泡的"红四品"；用花茶、冰糖、白糖、红糖、红枣、核桃仁、桂圆肉、芝麻、葡萄干、柿饼、果干等沏泡的"十二味香茶"。新疆回族人喝茶讲究用有盖、有盅托的古式茶盅，俗称盖碗。用沸水烫过茶碗，往茶碗里放入茶叶、桂圆、红枣、葡萄干、杏仁、核桃仁、各种干果，加冰糖或蜂蜜，用沸水冲泡，盖上盅盖闷泡一会。喝茶时一手持盅托，一手持盅盖，趁热细喝。盖碗茶应当喝三杯（再续两次水）以上，如果还想继续喝就别把茶根喝光；如果不想再喝了，就手在碗口上捂一捂，或者将茶碗中的干果、果仁捞出来吃，主人便不再给你续水。

五、新疆花儿

"花儿"又称"少年"，是回族地区的一种民歌，实际上是一种高腔山歌。在"花儿"对唱中，男方称女方为"花儿"，女方称男方为"少年"，这种对人的昵称逐渐成为回族山歌的名称，亦统称为"花儿"。一般多

是4句或6句，歌词多即兴创作，十分口语化，且不避俚语俗词。"花儿"突出的特点就是以生动、形象的比兴起句，文字优美，格律谨严。它的音乐主调令达100多种，旋律、节奏、唱腔都有着独特的风格。新疆是一个多民族杂居的地区，维吾尔族、哈萨克族、俄罗斯族的音乐旋律被吸收进花儿音乐中来，草原民族的抒情、维吾尔族的热情和幽默成为花儿新的表达方式。特别是一批新疆少数民族的民间艺术家也加入到花儿的演唱与创作中来，新疆人唱的花儿在旋律上更加丰富多彩。"花儿"是回族人民用汉语演唱、格律和歌唱方式都相当独特的一种民歌。

新疆的自然条件相对于甘肃、宁夏、青海要优越得多，移民们的生活比在老家时要富裕、悠闲，甘、宁、青花儿中那些宣泄痛苦、艰辛的内容，新疆人在花儿中就淡化了，而代之以更多的轻松、欢快和幽默。新疆人比内地人的精神约束和生活负担要少一些，性格上更加豪放洒脱。新疆人在花儿中咏唱爱情更加大胆率真和幽默潇洒，甚至还创新出了专门咏唱爱情的花儿曲牌"花花尕妹令"等等。

受少数民族唱诗的启发，新疆花儿中出现了长篇作品，甚至具备了"剧"的成份，这在原版的甘、宁、青花儿中是没有的。多个地区、多个民族的人在一起生活，使移民们的方言也发生了变化，作为民歌基本要素之一的方言土语，也引起了花儿风格的改变。经过二百多年的发展，有新疆特色的花儿的曲牌（俗称"令"）有23个之多，目前已整理和出版了20世纪50年代前后两部分"花儿"千余首。在演唱形式上，有独唱、对唱、二重唱、合唱、表演唱、乐器伴奏唱、无伴奏合唱等。在演唱场所上，山间田野、家庭场院、文化广场、舞台会场等，都可引吭高歌，因而也更加丰富多彩。新疆人所唱的花儿从风格上、数量上形成了自己的流派，这就是"新疆花儿"。

伊犁回回家

走进伊犁回回家，
主人捧出盖碗茶，
淡淡清香惹人醉，

摄影：宋世敬

庭院幽雅处处花，
臊子面、八块鸡，
糕点干果十三花，
油香酥馓显特色，
风味小吃人人夸。

勤劳朴实回回家，
满耳乡音中原话，
风趣幽默人亲切，
热情好客传佳话，
说段子、讲笑话，

葡萄架下漫山花，
菜地小畦映翠绿，
宾客开怀乐哈哈。

浓郁风情回回家，
服饰传承古文化，
小伙子潇洒又英俊，
姑娘个个像朵花，
白汗褡、青甲甲，
胸前绣朵牡丹花，
身将离别再回首，
难忘伊犁回回家。

六、禁忌

回族在饮食上有许多讲究和忌讳。这些习俗，源于伊斯兰教。例如，《古兰经》中说："只禁戒你们吃自死物、血液、猪肉，以及诵非真主之命而宰的动物。"平时，凡盛过这些禁忌食物的炊具、餐器也都不用、不接触。如果在旅途中或其他困难的条件下，借用汉族的锅，也必须用大火烧过一阵，方才使用。

所吃的牛、羊、鸡、鸭等可食畜、禽，一般都请阿訇宰杀，在特殊情况下也请懂得宰牲戒规的回民宰杀。

禁止在人前裸露肌肤。

对墓地很重视，不允许牲畜在墓地内践踏，不许从墓地取土。

禁食猪、狗、驴肉，食必新鲜的牛、羊、鸡肉，不食陈腐变

摄影：沈 桥

味的肉。

十分重视水源的清洁，禁喝被污染的水，不使用非伊斯兰教人士家中的杯、碗等餐饮具。

蒙 古 族

　　新疆的蒙古族主要由两部分组成，大多数新疆蒙古人是西蒙古（卫拉特蒙古）人的后裔，在博尔塔拉蒙古自治州的温泉县居住的察哈尔蒙古人，原属于东蒙古集团，是在1763年至1780年奉清政府之命长途迁徙到新疆守卫边疆的。

　　在新疆的79个市、县乡居住着蒙古族共约15万余人，以卫拉特蒙古、尤其以其所属的土尔扈特蒙古人人口最多，民俗文化也最有特色和代表性。

　　卫拉特蒙古是在成吉思汗时代迁入新疆并游牧于天山以北广阔草原的，他们由四大部族组成：准噶尔部、土尔扈特部、和硕特部、杜尔伯特部。他们操阿尔泰语系蒙古语族的语言，有自己的文字"托忒文"。另外，在塔城地区还居住着原属于准噶尔部的乌梁海蒙古人和操阿尔泰语系突厥语族语言的蒙古族图瓦人。

一、见面礼

蒙古人在草原上相遇，一定停下马互相问候。

过去，朋友相见互敬鼻烟壶，现在往往敬香烟，但如今不少老人仍然保持着互敬鼻烟壶的传统。

如果到蒙古人家里做客，要让年龄最大的人先进门，闹闹嚷嚷、一拥而进是粗俗无礼的表现，会令主人不快甚至反感。

进入蒙古包，要按秩序入座。男士在顺时针方向、女性在逆时针方向，按年龄排序而坐。老人坐正中的主座。

上过奶茶，女主人会端出包尔斯克（油炸点心）摆在客人的面前，还会为客人献上酸马奶、骆驼奶、奶酒等等饮料。

在拜访蒙古人时，应该带着礼物。礼物一般是酒、方糖、砖茶，拜访尊敬的人也可加送哈达，女性要给女主人送布料加方糖。

二、称 呼

称呼蒙古人要用"您"而不要用"你"。新疆的蒙古人多少都懂些汉语，即使听不太明白，但是能听得懂你是否对他尊重。对男士就用汉语称他为先生、老先生、老师、师父、大叔、帅哥、朋友，对女性可以称她为女士、老妈妈、阿姨、姑娘。不要用"喂"、"哎，那个人"等等来称呼对方。

记住对方的名字是重要的，并且在称呼对方时要加上敬称。

三、待客礼及禁忌

摄影：沈　剑

蒙古人认为，无论是否认识，无论什么原因，只要有人来到了毡包前，就是客人。

客人是上天恩赐的礼物，来了客人，一定要请客人到毡包里坐坐，先上热奶茶，再上包尔斯克。如果客人不急着走，而且客人还按照礼行献上了礼物，就会向客人敬酒。

主人拿出珍藏的好酒和精致的酒碗，先往碗里倒一点酒洒向灶火敬灶神。灶神是一家人的家长和保护神，是每时每刻都在身边的神，因此要先孝敬他老人家。主人再往酒碗里倒一点酒，说"艾克塔斯那克"，大意是祝福客人或者是"不成敬意"之类客套话。听到这句话，坐在主座上的主客要说祝赞词，祝福主人家人丁兴旺、身体健康、牛羊肥驼马壮、草场茂盛五谷丰登等等，也可以按汉族人的方式说明来意、对受到的款待表示感谢云云。主客说完，主人会说"铁依克包勒塔（按照您的祝福）！"同时把酒洒向天空，这是敬天地。然后开始向客人们敬酒，从主座的贵客敬起，挨个地敬。

酒敬到面前，客人一定要接过酒碗抿一下，然后还给主人，主人会接回酒碗也抿一下，再还给客人，客人则要接过酒碗一饮而尽。这是新疆土尔扈特蒙古人特有的礼节，意思是"酒是好东西，应当大家共享"。这

个礼俗照搬到内蒙古或外蒙古去就行不通。客人如果不会饮酒或因病不能饮酒，也要接过酒碗完成这个程序。当主人抿过一下再把酒碗还给客人之后，这个客人要象征性地喝一点，再把酒碗恭敬地交给替酒者，替酒者喝完，要把酒碗还给这个客人，客人再恭敬地碗还给主人。替酒者可以是与自己一起来的人，也可以是刚认识的当地人，但不能让主人替酒。

主人敬给你的酒你一定要接，也不能在主人给你倒酒的时候喊叫"少倒一点"或者"行了行了"之类，主人用他认为珍贵的东西来招待你，你要领情，否则就是不给主人面子，那是对主人的大不敬。

在事先打过招呼，主人家做了准备的拜访时，主人会请附近有名的说祝赞词的高手或唱长调高手来助兴。不要把歌手、长调歌者和祝赞词家视做陪人喝酒作乐的民间艺人，他们是艺术家、智者、民族文化的传承人，他们是生活在民间的艺术大师，在群众中享有较高的地位，要对他们表现出应有的尊重。

在喝酒唱歌的时候，羊肉煮熟了，主人用大茶盘端上热气腾腾的煮

羊肉。羊肉虽然已经被切成了大块，但一定会有羊头和羊尾。主人将大盘献到主客面前，并递上一把精致的小刀。主客要接过小刀，说过祝福的话，用刀尖在羊的额头上切出一个"卍"字符（一般是事先已经划好了形状），再随意割下一点头肉吃下去，称赞一番肉的味道和主人的手艺，然后礼让大家吃肉。主人在放肉的时候，羊的肩胛骨肉一定是对着主客的，而后腿肉一定对着女贵宾。羊的肩胛骨肉被认为是最好的肉，要敬给老人或贵客；后腿肉也是上乘肉，要敬给女性长辈或女性贵宾。男女主宾应当尝一尝对向自己的肉，然后邀请大家共享。

吃过肉，主人会为每个客人敬上一碗汤面条。这种用羊肉汤煮的手擀面条叫做"蒙古面条"，是一种令人难忘的美食。

土尔扈特蒙古人即使不得不因陋就简，也不会用有缺口的或有裂纹的碗、盘盛食物招待客人。递割肉的小刀时，将刀把送到对方手中，客人在把小刀还给主人或递给其他客人时，也不能把刀尖对向对方。在递筷子时要把筷子的把而不是筷子头递给他人。在传递物件时，不能用左手而用右手。倒酒的时候，酒瓶口不能对着门而要对向客人。

送别（告别）礼及做客禁忌

客人走出蒙古包以后，不要打着嗝扬长而去，要与主人行告别礼，祝福主人并向主人表示感谢。

到蒙古人家去做客，不得把枪支、长刀（不包括随身小刀）、马鞭、长棍等具有武器或强力意味的东西带进主人家。不得当着主人的面喷长气或唉声叹气（尤其是不能蹲在主人面前叹气）。不得在主人家吐痰、放屁、抠耳朵、挖鼻子，不能在毡包里乱扔东西。

入坐后要盘腿而坐。年轻人拜访老人时要先单腿跪坐，在得到老人允许后才盘腿而坐。

不得把腿叉开对向主人或其他人，不能四仰八叉地躺在地铺上。现在的人盘腿或跪坐一会受不了，主人会热情地为客人递上小板凳、马扎子等坐物。

四、居住

蒙古包的撑杆是直的，从围栅上直接支起顶圈，而哈萨克毡房的撑杆有一个九十度的直弯，弯腿插入围栅，使包顶浑圆而起；蒙古包的门一般较矮，而且土尔扈特蒙古人的毡包门一律朝东，而哈萨克毡房门的朝向没有定规，视取水方便、视野开阔、便于出行和防风的需要而定。

新疆蒙古包内大多不设炕，也很少用床，用地毡直接铺在地上成地铺，上覆睡毡、褥子。地铺可以按需要卷起，腾出地方便其他用途。有些包里有床，那是供老人睡觉

摄影：沈 桥

的。新婚毡包里也有床，那是供新娘享用的。

蒙古包内正对门的围栅顶部，是供奉佛爷的地方，讲究一些的会供着一个佛龛，大多数包里供着活佛的照片或画像，活佛像旁供着成吉思汗像。自家人的全家福或成员照片挂在稍低一些的地方，显示出蒙古人重亲情的传统。

进入包内，递时针方向（右方）靠门处是碗橱，是放置与饮食有关器具的地方，如果是新婚毡包，一对新人的帐床就放在碗橱的右方。这个方向属于女性，因此客人来访时，女宾就是从这个方向依次入座的。

佛爷像的下面，是家长睡觉的地方，有客来访就是贵客所坐的位置。客人留宿，主人安排宿处，一般与做客时的位置相同。

包的中央，一年四季都放着一只铁锅架，下面是火塘，这也是一家之主、家庭的保护神灶神的位置。但是不一定都在这里做饭，天暖无雨雪时往往在包外生火做饭。

进门靠左手处有一小块地方，也是留给家庭主妇的，做奶酒后过滤奶豆腐、用搅槌打酥油往往在这儿工作。

五、饮食习俗

食 俗

肉食 蒙古人不禁食猪肉，但偏爱牛羊肉。蒙古人禁食马肉，当马匹年老体衰或受伤以后，牧民们会让这匹马退休，好草好料地供养着，待它老死的时候，人们会郑重地埋葬它。现在，受多元文化的影响，有些蒙古人也开始吃熏马肉、熏马肠什么的，但他们自己不杀马，不制马肉制品。

土尔扈特蒙古人吃骆驼肉，但不偏爱，也不常吃。

游牧民族都有狩猎的传统。经常捕猎，尤其是冬天经常猎获野物补充肉食的不足。野兽中黄羊（鹅喉羚）、野山羊、盘羊、鹿是美味，野猪、熊、旱獭、獾、兔子的肉也常吃，不禁食狼肉，但不爱吃。

传统上蒙古人不饲养家禽，禽肉靠捕猎获得。野禽中，土尔扈特蒙古人爱吃野鸡和雪鸡肉。雪鸡肉不但味美，还是一味补药，雪鸡的肉和肉汤对治愈某些疾病和伤痛有疗效，蒙古医中就有用雪鸡骨头泡酒治病健身的药方。

蒙古族远古时曾是山林之子，认为山林之神所赐予的活物大都是可食的。但是土尔扈特蒙古人禁食

摄影：沈 桥

水禽，一切属于龙王臣民的生物，包括鹅、鸭子、鱼都禁食，表现了对水源的崇拜。当然，现在有些蒙古人也开始吃鱼吃鸭了，但他们自己不捕鱼不杀鸭。

土尔扈特蒙古人认为人死之后会转世，少数人会直接转世为人，而大多数人会转世成为各种动物，但在重新转世成人之前，必定要转世成一条狗。狗是人的前世或先人，土尔扈特蒙古人对狗有着特殊的情感，当然，他们绝不食狗肉，也对食狗肉的人深恶痛绝。在狗死去之后，还会举行一个郑重的葬礼将狗埋葬。

奶及奶制品

鲜奶 鲜奶主要用于烧奶茶。而在多数情况下，人要食用加工过的奶，也就是奶制品。

酸奶 蒙古人没有食用蔬菜和水果的便利条件和传统，人体所不可缺乏的维生素主要靠酸奶来补充，日常饮食中，处处离不开酸奶。

奶油 把酸奶盛在牛皮奶桶里，用一头有一个木槌的搅捶在桶中反复搅动，一直搅到桶中的奶与水分分离，奶中的油性物质就就从水中漂浮到水面上，这就是奶油，也叫做酥油。酥油的用途很广，添加在奶茶里会使奶香浓香四溢，抹在其他食物上会改善食物的味道和口感，还

可以用来油炸各种点心，在野外吃干粮，酥油也是很好的调味剂。

酥油也可以用加热鲜奶的方法获得。

奶干 用奶槌搅动酸奶如同离心机的工作原理，使奶、水、油分离。取走了酥油，滗出汁水，剩下的便是奶酪，把奶酪晒干就得到了酸奶干。

在做蒙古酒之后，把酒糟盛出过滤，汁水尽处奶豆腐留了下来，将奶豆腐晒干，也成了奶干。奶干有多种做法，味道也各有千秋，汉族人将这些奶干笼统地称为"奶疙瘩"。

奶疙瘩也是主食之一，可以用以充饥，且长久不霉不腐，便于携带，是居家与外出必备的食物。

酸马奶、骆驼奶，除了牛羊奶，马奶也是日常奶品。马奶用于饮用，营养丰富，但人不能直接饮用马奶，须经过发酵变酸后才能饮用。挤牛羊奶是妇女的活计，但马奶却必须由男性来做，并且在畜群转移到夏牧场以后才可制作马奶。为什么马奶非得由男性去挤不可？大约是体现了蒙古人对马的敬意。

挤好了马奶，往奶中加进酵头，盛入皮桶中，用木杵反复搅拌，并经过充分发酵，才能供人饮用。骆驼奶可以生着饮用，也可做成酸奶。据说骆驼奶属热性，可以养肠胃

摄影：沈 桥

驱风寒。

粮食类

蒙古面条 在羊肉汤中煮的面条，面条当然是主妇手擀刀切的，是正宗的手工面条。

炒面 把麦粒或玉米粒、青稞粒放在石臼里捣去麸皮，放进锅里炒到颜色发红、开始爆裂时，放进石磨或石臼里制成粉状，可用奶茶冲着吃，也可以搅成粥吃。如果拌进牛羊奶、酥油和糖，味道就更加香甜。转场途中、进山打猎或出门远行，炒面是随身带着的干粮。

包尔斯克 包尔斯克就是油炸面点，普通蒙古牧民家的包尔斯克个体较大，接近于小油饼。

馕 在地躺炉中烤出来的发面糕饼，比中国内地的"锅盔"要厚得多，有些蒙古人把这种饼称作"馕"，形制与味道类似哈萨克族的馕，但与维吾尔族的馕大相径庭，把它称为"面包"更确切一些。

现在的蒙古人普遍接受了各种粮食类食物，汉族、维吾尔族、哈萨克族、回族、俄罗斯族等民族的馒头、包子、饺子、拉条子、揪片子、馕、面包、面条等等都爱吃，也喜爱各种饼干糕点，城市中的蒙古人还形成了以粮食类食物为主食的习惯。

蔬菜与水果

蒙古人没有吃蔬菜水果的习惯，但过去也会偶尔吃一些野菜野果。山野和草原上有数不清的可食植物，常吃的野菜有沙葱、野葱，常吃的野果有野葡萄、野果子等等。

饮 俗

茶 蒙古人说"茶虽淡，但它是饮食之王；纸虽薄，但书是知识之源"。日常生活中缺了什么都行，但是不能缺奶茶。家里来了客人，只要有奶茶，客人就不会责怪，主人也可以心安理得。不为客人倒奶茶，是对客人的最大不敬，主人会被客人说成是"茶也没有，脸也没有的人"。

土尔扈特蒙古人喝茶必喝奶茶，有奶的时候绝不喝清汤茶，只有在蒙医特意叮嘱不能喝奶茶的时候才喝清汤茶。

茶还是重要的礼物和奖品。

浆汤（宝扎） 用煮羊头羊蹄的汤煮糜子、大米、小麦面、玉米面等谷物面粉，盛入桦木桶或大缸里，加入酵母使其发酵，一两天后盛出，滤去渣滓即制成酸甜适口的宝扎。如果在宝扎里再放些野果、干果，味道会更美。

奶酒（蒙古酒） 将发酵的牛羊奶经蒸馏制成的含酒精饮料，酒精度不高于啤酒，但酒精味强烈，不仅爽口，喝适量奶酒可健胃和改善血液循环，据说可以降血压降血脂。

六、人生礼仪

自由恋爱

　　土尔扈特蒙古人的传统婚姻虽然以父母之命、媒妁之言为主，但他们并不反对年轻人自由恋爱。土尔扈特蒙古人中就有"两个人相爱，一个旗的人都挡不住"的谚语。两人相爱了，男孩子会把心里的秘密告诉自己的父母，大部分情况下父母会请人去为儿子说媒。也有少数情况，或者这家与另一家订过娃娃亲，或者他们认为对方与自己的孩子属相不和等等，反对孩子的自由选择。那么接着发生的，就是一对相爱的恋人骑上自己的马私奔了。天地之间，没有饿死的蒙古人，无论走到哪里，一对相爱的人都可以生活下去。而当他们再次回到家乡的时候，亲人们会宽厚地接纳他们。

婚礼

　　婚礼是一个人、一个家庭和氏族，甚至一个部落的大事，也是草原上的盛会。男女双方都会举行盛大的聚会。

　　这一天代替新郎去接亲的是新郎的嫂子，她率领一个五至九人的接亲队伍，牵着驮迎娶礼物的驼马队，浩浩荡荡地向新娘家的方向进发了。所携带的礼物有五只煮熟并切成大块的羊肉，足够的酸马奶和酸牛奶，还有酒和其他食品。随带的必定还有一匹装饰得五彩缤纷的马，

　　这是专门供新娘骑乘的好马。

　　到了离女方家的大毡包约一百来米的地方，接亲队伍下马走向大毡包。女方家会有一群人拥过来迎接客人，与新娘属相相同的男方小伙子会与有相同属相的伴娘拉拉手，表示双方已经接上了头，双方的身份准确无误。

摄影：侯 建

　　新郎的嫂子先进入毡包向新娘父母请安，并请示接亲人员是否可以进入毡包。在得到允许以后，接亲的人进入毡包，用自己带来的酸奶向新娘父母和其他主人敬奶、敬酒。趁着大家热闹的时候，新娘的父母让几位大嫂和姑娘把新娘叫到自己住的毡包里，把新娘的脚洗干净，把右脚放在一条哈达上，用剪刀把这只脚上的趾甲剪下来，用哈达包好珍藏起来，意思是留住了姑娘的心和温存。

　　新娘再次进入大毡包的时候，

新郎的嫂子会挨近新娘，为新娘盖上盖头。盖头的颜色可以是除了青色、黑色、黄色之外的任何一种，传统的新娘盖头的颜色是由喇嘛卜算确定的。

土尔扈特蒙古人的接亲，都是在上午，大约在当地时间9至11点时，一部分人先从新娘家启程，送走新娘的陪嫁；在12点之前送新娘上路。

时间将到，女方家会唱起伤感的长调送亲歌。就像听到号令一样，歌声一起，新娘的女伴们"呼啦"一声像保护亲人一样把新娘围了起来。而来接亲的那几个身强力壮的小伙子立即冲过去，要抢新娘。姑娘们自然不是小伙子的对手，一番推搡争夺之后，新娘必然会被小伙子们抢走了。这是原始时代抢婚风俗的遗风，现在已经完全游戏化了。

小伙子们抢到新娘以后，伴娘们也不再纠缠，一起拥着新娘走出毡包，新娘的舅舅把新娘扶上马。路途上遇到人家，无论是否认识，这家人会向接送新娘的人敬茶敬酒。路上如果有敖包，接送新娘的队伍会下马，恭恭敬敬地往敖包上放石头、绕敖包三圈，向敖包致祝词和敬酒。

接送新娘的队伍一踏进草原，新娘家的人会把一个拴着哈达的羊髀骨举起，年轻人一拥而上，争抢着羊髀骨。最后一个把羊髀骨抢到手里的年轻人，纵马跑到新郎家毡包旁，把这个羊髀骨从顶圈里扔进新婚毡包，报告接送新娘的队伍即将到来的消息。在正常情况下，土尔扈特蒙古人认为骑着马跑到毡包近前，是发生战争或者灾难降临的征兆；但是骑马跑来往毡包的顶圈里扔拴着哈达的羊髀骨却是在报告喜讯。

送新娘的队伍在距新郎家约一百来米的地方停住，全部下马徒步走向新婚毡包，而接新娘的队伍则簇拥着新娘喜气洋洋地继续骑着马

摄影：侯 建

摄影：侯　建

走近毡包，围绕新婚毡包转一圈，新郎的妈妈在毡包前迎候，把新娘抱下马，并给新媳妇敬一碗鲜牛奶。

新婚毡包门前已经铺好了一条洁白的新毛毡，白毡的一端用奶汁与五谷画着太阳，另一端画着月亮的图案。新郎新娘男左女右并排站在白毡上，各用一只手共抓着一个拴着哈达的羊胫骨。在主持人的主持下，一对新人向太阳神和月亮神叩三个头。

拜过长辈贵宾，公公便公布新媳妇的媳名。土尔扈特蒙古人女子嫁入夫家之后要重新取一个名字，这个名字在婆家和各种正式场合使用，成为她一生中的正式名字，是为了表示一个妇女部落、氏族的从属关系，具有尊称的意义，即使是娘家人也会在公众场合称呼她的媳名。而她原来的名字只在亲生母亲、从小一起长大的兄弟姐妹等小圈子里使用。

拜过长辈贵宾，新娘还要跪在地上，把右边的袍摆展开，主持人将一点肉食放在袍摆上，家里人将狗牵进来，让狗吃下那些食物。这是拜狗仪式，拜过狗，狗也认可了这位家庭新成员。

婚礼上最忙的是双方的嫂子了，在这一天她俨然是一家之主，有时来不及或不便于请示老父亲时，长嫂可以决断。除了决策，嫂子们还要负责招待好所有的宾客，即使对那些撒酒疯要酒喝的年轻人，嫂子们也会温情地侍候到底。

第二天早晨，新娘早早地起了床，在新婚毡包里生起灶火，煮一锅奶茶。她发现，新锅的锅盖上、茶壶的壶把上、舀奶茶的瓢把上，都拴着哈达。新郎打开毡包的门，早已等候在外面的主持人会高声招呼起来："新娘已经煮好奶茶了！"公公婆婆和长辈们依次进入新婚毡包，新娘给公公婆婆和长辈们敬上奶茶。在婆婆的催促下，新娘又坐回婚床上。第二天早晨其他宾客的早餐，是由专门请来做饭的厨师为大家掌勺，一般是一大锅蒙古面条。吃过面条，主持人对大家说："天上的雨有停的时候，做客的人有走的时候。"大家便纷纷向主人家告别，各自上马四散而去。

新娘的嫂子率送亲的人在向主人告别之前来到新婚毡包，揭起婚床上的帘子与新娘吻别，展开新娘的右袍摆，上面放块石头或斧头。送走新娘家的送亲人马，新郎的嫂子来到新婚毡包，搬走新娘袍摆上的石头或斧头，与新娘说一阵悄悄话。但是

太阳的风车

61

摄影：侯 建

新娘不下婚床，一直坐到婚礼第三天另一个仪式之后才下床。

婚礼的第三天上午，新娘的父母、舅舅率领十来个近亲来到亲家家里，酒足肉饱，亲家双方一起来到新婚毡包，公公用拴着哈达的马鞭子挑开婚床的帘子，新娘的妈妈忙不迭地再教导女儿一番，末了会说："你还傻不呆呆地坐在那里干什么？还不快快下来干活去？"新娘这才从婚床上跳下来，向公公婆婆施礼，去煮奶茶了。从这时起，新娘就正式成为这家的主妇，围着毡包操劳一生。

七、节日及聚会

民俗节日

春节　新年的第一日，是查干萨节（春节），要隆重庆祝，并持续到正月的十五日。这个节日与汉族的春节相叠，现在与全国人民在同一时间欢度春节。

那达慕节　"那达慕"是蒙语游玩的意思，已经演变成为一个全民族性的民俗节日。传统的那达慕节在每年的农历六月初四日举行。

那达慕节一般称为"那达慕大会"。举行大会的时候正是草原上最美的季节，牧民们从各处草原齐聚大会地点，穿上节日的盛装，欢聚一堂。因为这是一年中少有的大型聚会，商贩们不会放过这个发财的好机会，他们从各地云集草原，摆摊设点叫卖不停。政府也因势利导，利用那达慕大会举办物资交流会，增加消费，活跃当地经济。

宗教节日

祖拉节（燃灯节）　祖拉节在每年的阴历十月二十五日举行，这是一个拜佛的节日，用点燃长明灯的方式向佛祖祈祷，求佛祖保佑自己和家人健康长寿。节日来临时，家家户户都要用芨芨草棍缠上浸了酥油的棉花做成灯芯，要准备100根以上的灯芯，在自家门外东南方100步左右的地方用石头堆起一个祭台。节日那天的晚上，各户将油烛灯放到祭台上，从长辈起依次点燃油烛灯，向祭台叩头拜祭，按顺时针方向绕祭台三圈。因为祖拉节是以点燃油烛灯为特征，故这个节日的汉语称呼为"燃灯节"。

迈达尔节（降福节） 迈达尔就是弥勒佛，是未来世的主神，不过在土尔扈特蒙古人中，弥勒佛是位女性之神。土尔扈特蒙古人认为阴历正月十五是迈达尔佛降福的吉祥日子，因而要举行隆重的节日庆祝活动。节日那天，人们都穿着节日盛装来到寺庙给迈达尔（弥勒佛）供香，为寺里捐钱捐物（灯盏、酥油等）。节日期间还要进行赛马、摔跤、射箭比赛。

祭敖包 所谓敖包就是一个椎形的石堆，有大有小。敖包有地界路标敖包、纪念性敖包、礼仪性敖包、祭祀性敖包四种形式，祭敖包祭的是祭祀性敖包，是蒙古民族信仰文化的重点之一，是山神崇拜的变体。每个部落也都有自己专供祭祀用的敖包。

祭灶节 每年农历九月，各家都要杀一只羊，把羊前胸部的肉带皮割下来，用花油包住，放入灶火中，同时也把一些包尔斯克等糕点扔进灶火。全家人围在灶火旁，家长领着大家祷告，祈求灶神赐给平安幸福。

祭灶节期间，不外出做客也不接待客人，三天内既不借出也不借入任何东西，要求全体家庭成员都要到齐，都要参加祭灶神。

摄影：沈 桥

摄影：侯 建

柯尔克孜族

摄影：沈 桥

一、柯尔克孜族的由来

　　柯尔克孜族是一个有着古老传统的历史悠久的民族。柯尔克孜族的最早祖先可以追溯到秦汉时期的"坚昆"，唐代成为"黠戛斯"，元代称为吉利吉思，清代称布鲁特，其实都是一个读法，只是古代汉语和当今汉语读法不一样。

　　柯尔克孜族的名称很有意思，据说有以下的几个说法：

　　"四十个姑娘"。柯语中"柯尔克"是"四十"，"克孜"是"姑娘"的意思。而这个故事早在元朝就已经得到证实,对此《元史》记载:"吉利吉思者,初以汉地女四十人和乌斯男结婚,取此义为名。"看来,柯尔克孜人和汉族从历史上是有着亲密的血缘关系的。汉代名将李陵和四大美女之一的王昭君的后裔都同化在柯尔克孜族中,成为今天令人遐思的历史。

"柯尔"是大山的意思,"克孜"来自于"乌古孜"。传说,乌古孜是古代柯尔克孜人一个国王的名字。他和王后共生了十个男孩。十个男孩长大成人后,率领各自的部落生活在天山、阿尔泰山、准噶尔盆地一带。其中有个孩子来到了一个叫"克孜"的地方,狩猎为生,人们称他们为"柯尔人"(山里人)。柯尔克孜英雄史诗《玛纳斯》记载了一个故事说:古代乌古孜汗王卡提什汗当了国王后,对患天花脸上长有麻子的人深恶痛绝,发现就要杀死。没想到的是他的儿子在5岁的时候也得了天花,脸上也有麻子。犯难的国王听从了大臣的建议,把麻脸儿子让一群牧民送进深山。从此,深山老林就热闹了起来,生息繁衍的这些人被称为"柯尔克孜",意为"山中游牧人"。

二、生活习俗

柯尔克孜族和其他游牧民族一样一直保持着逐水草而居,夏季住"夏窝子",以帐篷为主,冬季住"冬窝子"。现在大多数都接受了政府安排的定居生活,住四方形土房。

柯尔克孜语称为"勃孜吾"或"克依孜围"的毡房,是由毡子、木料和纺织的花纹芨芨草搭盖而成的,令人赞叹,而且会就地取材,用柳树、桦树、楸树等制作栅栏、支

摄影：沈 桥

三、风俗礼节

诞生礼

在柯尔克孜人看来是一件人生里的大事。左邻右舍的人们都会赶来庆祝，好好地庆贺庆贺，感受生命的延续。柯尔克孜人称生子为"托热提"。如果这一家出生了一个男孩，门楣上除了挂红布条以外，还会挂一把弓箭或飞龙的图像，这意思是祝愿孩子长大以后前程无量，或者成为一个英雄。出生的如果是一个女孩，门楣上挂的就是一个用红布制作的飞鸟图像，上面还要插一支羽毛，其意为祝愿孩子长大以后成为草原上受人喜爱的百灵鸟，或者展翅高飞，找一个最有前程的丈夫。孩子一出生，婴儿的祖父、父亲就会兴高采烈地向周围报喜，让乡里乡亲一起享受欢乐的心情。

摇篮礼

在孩子出生的第七天或第九天举行。把孩子洗浴干净，邀请周围妇女参加礼行，男士就要知趣地回避，最好不要露脸，喝酒、去玩都行，因为这天是属于妇女和出生的孩子的时刻。只要一看门楣上挂的东西，就知道这一家添了一个男孩还是女孩。但是，未征得主人家的特别允许，外人不可擅自闯入门上挂红布条的人家，也不可出于好奇硬缠着主人家同意进入月子房去采风、拍照。否

架、天窗架、门框等，用芨芨草纺织毡毯，非常漂亮。

柯尔克孜族活得很潇洒很豪放，唱着歌来到世间，唱着歌离开人间。只要有人烟，就会有歌声。柯尔克孜族是个有着很高音乐天赋的民族，古代北方游牧诸部就五体投地地称柯尔克孜族为"美妙之口"。

则，你就会成为整个村子或草原上最不受欢迎的人。

满月礼

这一点和汉族人一样，不同的是在孩子四十天的时候举行。所有的礼行都要以"40"出现。孩子的衣服要有"40"块花布组成，参加孩子仪式的要有"40"个人，每人要舀一勺水就是"40"勺水，头一个给孩子舀水的是参加仪式的最年长的妇女。然后，给孩子穿好衣服，把孩子放到烛光前晃"40"下，再拿盛满"40"个奶疙瘩的碗放到孩子面前。据说，最后的程序仍然由头一个给孩子舀水的最年长的妇女来行使一个庄严的权利：把孩子出生时挂在门上的红布和羽毛取下来，象征着这满月礼圆满地谢幕。

上马礼

柯尔克孜人是马背民族，骑马如同走路一样重要。因此孩子到了五六岁，都要举行一个上马礼仪式。

这一天，家长要给孩子穿戴整洁，脚上穿上小靴子。送给孩子的马也被精心地打扮一番，配上崭新的马具，头鬃头扎上红绸带。

家中的老爷爷将小骑手扶上马背，并牵着马在附近遛一圈，然后放心地让孩子在小哥哥小姐姐们的陪伴下，骑马到草原上去远足。

这个孩子所经过的牧村或毡房，主人家都会给未来的马背英雄赠送礼物。

洗发礼

柯尔克孜族的男孩到了7岁，也要举行割礼仪式，其程序与维吾尔族、哈萨克族相似。行过割礼以后，这个小柯尔克孜就是一个穆斯林了。洗发礼可以说是柯尔克孜族女孩的成年礼。按过去的习俗，女孩子到了十二三岁，行过洗发礼以后，就可以出嫁了。现在的柯尔克孜人普遍遵守婚姻法所规定的结婚年龄，并且有了晚婚节育的意识。但是在行过洗发礼之后，小女孩就成了大姑娘，可以跟男青年接触，并参加青年们的聚会。

在柯尔克孜族中，有一个独特的洗发礼，是专为女孩举行的。

柯尔克孜族女孩长到十二三岁的时候，家里会选定一个日期，请亲朋好友到家里来，为小姑娘举行洗发礼。

在女眷们的帮助下，妈妈亲自持净壶，为女儿洗头发。

亲眷们一起动手，帮姑娘梳辫子、佩发饰，爷爷和奶奶还会给小姑娘赠送漂亮贵重的头巾等礼物。

禁　忌

温文尔雅是柯尔克孜族的良好传统。两个人在路上相遇，彼此用手抚胸躬腰微笑着互相问好，谁若是板着脸像人家欠了他多少钱一样的情景在柯尔克孜人身上是看不见的。和所有信奉伊斯兰教的民族一

摄影：沈 桥

样，柯尔克孜族生活中禁食猪、驴、狗肉和自死牲畜及一切动物的血；到了农村人家，一定记住千万不要在人家住宅附近大小便；谈话时不能擤鼻涕；忌讳骑快马到门口下马，因为这意味报丧或有不吉利消息；最忌撒谎、欺骗和赌咒。

柯尔克孜族饭前饭后要洗手，这是很好的习惯。洗手后手上的水不要乱甩，要用毛巾擦干。柯尔克孜族的大方是有名的，来的客人不管熟不熟、认不认识，进得自己家门的客人，不论是亲戚朋友，还是陌生人，都会热情款待，家里有什么好吃好喝的都一定慷慨地拿出来，你能来他家就是他的朋友，朋友来了有好酒在这里不是传说。

柯尔克孜人有句话说"吃羊肉最厉害的第一是狼，第二就是柯尔克孜人"。请你吃羊肉的话，那是最高的礼节了。在请客人吃羊肉时，是有着礼仪的，按程序来吃，人人都有份，闻见了香味，只管吞口水没有人笑话你，因为羊肉实在是煮得太香了。柯尔克孜人先请客人吃羊尾巴油，然后再吃胛骨和羊头肉，以羊头肉待客为尊。客人在吃肉前，不要光埋头啃肉奋战，要先取出一些分给主人家的妇女和小孩，吃其他食品时，摆在盘里的即使再香，也不要忘了留一部分不要吃光，以表示主人招待的丰盛，吃光的话会让人笑话的。如吃不完，可以另要一空碗装盛，在自己吃过和使用的餐具里，不能剩饭，剩饭是极其不礼貌的，要么你就干脆吃不了兜着走。酒足饭饱退席的时候，牢记要背朝门外退出，不要把屁股对着主人的方向。

四、服饰

柯尔克孜族对红色情有独钟，衣帽、服饰民族手工艺品等都爱用红色装饰。柯尔克孜族的服饰，男子常戴用皮子或毡子制作高顶方形卷檐帽和两侧有突出护耳式样的帽子。穿无领"裕祥"长衣，内着绣有花边的圆领衬衣，外束皮带，左佩小刀等物。夏天穿立领短裕祥，春秋喜穿条绒缝帛的宽脚裤，很是潇洒。

柯尔克孜族主要居住在帕米尔

高原上，因地制宜，服饰也有高原的特点。他们对戴帽子也很讲究，爱屋及乌，帽子的品种也就很多，男女一年四季都喜欢戴一种名叫"托甫"的圆顶小帽，多用红、绿、紫、蓝等色的灯心绒做成，年纪大的多用黑色，戴帽被认为是一种礼节，所以这种庄重成为一种礼仪，没准那种帽子会很吸引你，戴上显得很彬彬有礼。和汉族饮食文化一样，柯尔

摄影：沈 桥

摄影：沈 桥

克孜人的文化在帽子上表达得淋漓尽致，可以按季节变化而变化。

夏季，柯尔克孜族的男子戴一种白毡帽，这种帽子作为柯尔克孜民族的一种象征，帽子下沿镶有一道黑线，四周帽檐上卷，左右两侧开一道口，帽顶为四方形，有珠子和黑色的缨穗。

冬季，男子和姑娘戴帽还喜欢用羊羔皮和狐狸皮做成的皮帽，戴上这种帽子显得非常精神，感觉人极是高贵典雅。还有一种用黑羔皮或狐狸皮做成的圆形高顶皮帽，它的护耳特别长，既可卷上去，也可以放下来，外出时可以抵挡摄氏零下30多度的严寒，如果不戴帽的话，在帕米尔高原冬季冷冻掉耳朵就像树上飘下的一片落叶。

柯尔克孜族妇女的服饰也是多种多样的。一般喜欢穿红色的短装和连衣裙，衬衣直领宽大，显得舒适。裙子多褶形圆筒状，下端束于腰，下端镶制皮毛，显得华丽富贵。妇女无论婚否，均喜欢穿黑色或紫红色的坎肩，姑娘的坎肩前胸缝有彩色有机玻璃扣、银扣、铜钱、银币等。耳环、戒指、手镯、项链也是妇女喜爱的装饰品，有的还在长长的辫子上系上链子和银元，表示吉祥和富有。

妇女们头上的装饰品也很多，大多喜欢戴红、黄、蓝色的头巾，年纪大一点的妇女则围较素的头巾。年轻妇女戴一种名叫"塔克西"的圆形金丝绒花红帽时，还要蒙一块漂亮的头巾，仿佛仙女似的美丽动人。冬季，妇女除了围围巾也戴皮帽，以抵御帕米尔高原上的寒冷。男子多穿一种无领的"裕祥"（外衣），里面穿竖领单襟扣领衬衣，腰间系一根皮带，挂一把小刀，下着条绒裤或皮裤，脚穿长统马靴。这身装束显得威风凛凛，充满了男子汉的气质。

五、婚 俗

婚期三天

柯尔克孜族的婚礼十分隆重，分订婚和结婚两个步骤。在订婚时，男方用一匹马驮着礼物前往女家，马头上要扎一块洁白的棉花，以示订婚。女方父母要拿出最好的食品招待。有的地区马头上的棉花由女方来扎，或向男方客人身上撒些面粉，表示同意亲事，预祝顺利。柯尔克孜族传统的结婚仪式是在女方家里进行。结婚的前一天，新郎要带着宰好的羊或其他牲畜，由亲戚、伴郎等人陪同，骑马送到女方的家里；婚礼前，女方家也要宰牲畜，摆筵席招待亲朋好友。

婚礼一般要举行三天，日期多选择在月底，仪式主要在女方家进行。第一天，新郎在父母、亲友陪同下，带着礼品前往新娘家。礼品包括刚宰杀的两只羊，一只作整羊煮熟；一只把五脏掏出，不剥皮烤熟，还要带上数十头小牲畜。临近新娘家时，举行"叼羊"游戏，并借此机会将那预先宰好的羊扔到新娘家门前。随后才被新娘家的女眷们热情迎入。婚礼仪式开始前，女方的亲友群起将新郎新娘双双绑在门口，这时，新郎的父兄要向这些亲友赠送礼物，请求"释放"。婚礼正式开始，由男方的一位长者用木棒将毡房天窗挑开，从天窗向外撒糖果、点心等，客人纷纷争抢，以分享幸福。接着，新娘的母亲要唱《送嫁歌》，还要举行"赛得河"，即让新婚夫妇背对背坐下，每人头上蒙一口袋。众人用一只羊蹄轮流在他们头上轻打一下，然后拉起来共同跳舞。之后，由阿訇主持典礼，念"尼卡罕"（结婚证词），给双方分吃蘸盐水的馕，象征夫妻白头偕老，永不分离。第二天，双方家长要举办传统的赛马、叼羊、摔跤等活动，以示祝贺。晚上，新娘来到嫂子家与新郎见面，这时的毡房外挤满了宾客，人们奏起传统的民间乐器"库姆孜"，跳起会面舞，唱起一曲曲喜庆的歌，直到深夜。当讨得礼物，放新郎进入洞房后，才尽兴离去。第三天，新娘带着丰厚的嫁妆，随新郎回婆家，沿路每过一个牧村，都要受到热情款待和祝福。回到新郎家的数日内，一对新人还会不断得到亲友的邀请，参加各种娱乐活动，使他们处在长时间的新婚蜜月之中。

嫂子唱主角

柯尔克孜人婚礼大都选在草丰畜肥的秋季举行。婚礼的重场戏在新娘家里。这天一大早，新娘的妈妈、嫂嫂和其他女眷来为新娘梳妆打扮。新娘的妈妈为新娘梳头，她将女儿的小辫子梳成两条大辫子，一边唱着《哭嫁歌》，新娘情不自禁地唱起《姑娘的怨歌》，埋怨父母不该把她嫁出去，而这时新娘的姐姐要唱起《劝嫁歌》，告诉新娘现在出嫁正是好机会。

新娘的家人热情欢迎前来贺喜的亲朋好友和乡亲们，有的地区的柯尔克孜人与相邻的塔吉克人一样，主人往来客的肩上抹面粉。按男女有别的老规矩，女宾进入大毡房里，而男宾则在毡房外的草地上就座。

新郎带着伴郎来接亲，被新娘的嫂子堵在门外。新娘的嫂子还要对新郎送来的礼物百般挑剔，给男方一个下马威，逼着男方说好话求情，当然少不了大唱一通赞美嫂子的歌。男方的人还得要及时地向到场的宾客们赠送礼物，送给女宾的一般是头巾或衣裙，送给男宾的是柯尔克孜毡帽和衣服。

柯尔克孜人的婚礼都是新娘

的嫂子一手操办。嫂子一声令下，婚宴开始，大家聚在毡房外的草地上，吃起大块煮羊肉。

婚礼仪式正式开始，由教区的阿訇诵读《古兰经》有关章节，向众人出示新郎新娘的结婚证书，让一对新人大声宣布是不是自愿结为夫妻，按伊斯兰教的规矩，自愿的婚姻才是合法的。然后向一对新人和在座的人分发蘸着咸盐的馕，仪式就此结束。

在这同时，大家弹起了库木孜（弹拨乐器，为柯尔克孜族的代表性乐器），唱起歌跳起舞来。在草滩上，叼羊等活动也开始了。

当天夜里，新郎住在新娘家。第二天，在长者的带领下，新郎带着新娘往回走。一路上凡是遇见的人都会向他们祝福。

摄影：沈 桥

六、食 俗

一日三餐，除早餐为馍和茶或奶茶外，中餐和晚餐多以面食、马、牛、羊肉为主；在农区以粮为主食，但肉类仍占有很大比重。

日常蔬菜不多，品种较少，仅土豆、圆白菜、洋葱较为常见，并且很少与肉类一起成菜。很多肉类以做成手抓羊肉、烤肉（塔西哈拉克）为主。其次大都做成独具特色的灌肺、灌肠、油炒肉、肉汤等。

奶和奶制品在柯尔克孜族日常生活中占有很重要的位置，最常见的有马奶、牛奶和奶皮、奶油、酸奶（浓、稀酸奶）等。平时喜用青稞、麦子或糜子发酵制成的一种名牙尔玛的饮料饮用，柯克孜族好饮茯茶，煮沸后加奶和食盐。

哈萨克族与柯尔克孜族还有一种叫做"那仁"的饭，简略地表述就是肉汤煮面片（或面条）。这种饭在柯尔克孜族中是招待贵客的饭食。

柯尔克孜人还生活在叶尼赛湖畔的时候，由于远离农区，粮食是稀贵之物，普通人从爷爷的爷爷那里听说过世界上有面粉那么一种东西，但是都从来没有见过，大家只能吃肉、肉干、奶和奶制品，只有罕王才能吃得上面粉。如果罕王还有一点多余的面粉，他有时会把面粉作为最高的奖赏之一赏赐给功臣和部落首领们。

摄影：沈 桥

在一次战争中，敌人包围了罕王亲自统帅的一支军队，把这一群柯尔克孜人围困在一个光秃秃的山谷里。柯尔克孜人进行了勇猛的反攻，但是敌人的势力太大，反攻了40天还是突围不出去。勇士们带来的肉干和奶干都吃完了，只好宰杀战马充饥；眼看着战马越来越少，人们开始有些悲观起来。

在这危急的关头，罕王痛下狠心，决定把自己一直舍不得吃的一袋面粉拿出来给大家吃。

但是罕王只有一袋面粉，柯尔克孜勇士满山遍野，无论做成什么饭，也不够勇士们吃上一口的。军厨们商议了好大一会儿仍一筹莫展。这时候有一个聪明的伙夫出了一个主意：把面粉和好，擀成很薄的面片，下在肉汤里，大家就都可以吃到了。军厨们立即动手，做了几大锅肉汤面片，勇士们每人都吃到了一碗。

天生第一次吃到了面食，勇士们顿时力量猛增、士气大振，罕王趁机鼓动勇士们英勇杀敌，并下令全线大反攻。

勇士们英勇无比地冲向敌人，杀开一条血路突出了重围，又一鼓作气直捣敌人的中军大营，杀了敌军主帅，使战争反败为胜。

敌军溃败而逃，柯尔克孜勇士们成功地保卫了自己的家乡。这全靠了一碗肉汤面片的神力。

有感于此，罕王下令，柯尔克孜人要善待农民，而且自己也要学会种庄稼，让人人都能吃得上肉汤面片。从此以后，柯尔克孜人对种地的农业民族友好相待，本民族中一些人也学会了种植小麦、青稞、玉米等农作物。

现在，肉汤面片虽然已经成为一样普通饭食，但在来了贵客以后仍然是待客之物。贵客到来，宰羊煮肉，让客人先吃几块肉、喝一小碗肉汤，然后宾主一起动手，用匕首把肉切成指头肚大小的肉块放进大盘，主妇将煮好的面条端来，倒进大盘里，再撒上圆葱、胡萝卜丁和肉汤，大家一起下手，用手抓着吃（外地人可以用木勺舀着吃）。柯尔克孜人把这种美食叫做"那仁"。

七、节 庆

柯尔克孜人最初是崇拜图腾。有名的图腾是雪豹和牛。除此，还信仰"乌买"女神。信奉祖先和天神，他们朝南方祷告，崇拜太阳，认为火星不吉利。到了清代，才转信伊斯兰教，属于正统的逊尼派。主要节日有肉孜节、古尔邦节和诺鲁孜节等节日。过节时，男女均着新衣，并以茶水、油果等互相招待。

柯尔克孜族一年之中最大的节

日是诺鲁孜节，按柯尔克孜族的历法，新月每出现一次为一个月，十二个月为一年。每年第一个月出现时即过诺鲁孜节。类似于汉族的春节，届时家家户户都要把好饭好菜摆好，以示庆祝，还要用小麦、青稞等七种以上的粮食做成一种名为"克缺"的食品，预祝在新的一年里饭食丰盛。

"谢尔乃"节。每年的六七月份，帕米尔高原上的柯尔克孜人要围坐在草地上，共饮马奶酒，欢度"谢尔乃"节。

古时候，柯尔克孜人生活在亚洲的北部，经常与其他游牧部族发生冲突。后来有一位英雄率领柯尔克孜族先民各部落，与强敌进行了英勇顽强的斗争，最终取得了胜利，给柯尔克孜人带来了幸福的生活。为了庆祝胜利和纪念英雄，柯尔克孜人就形成了这一个古老的节日。

节日到来前，柯尔克孜人将马奶盛在羊皮袋里，加入适量祖传的酒酿，挂在户外的木架上，让马奶自然发酵，制成带有酸味的醇厚香郁的马奶酒。

节日到来的时候，全阿寅勒（牧村）的乡亲都欢聚一堂，品尝马奶酒，阿肯或额尔奇（民间艺人）们弹起库木孜琴，唱起多如繁星的民歌。玩到高兴时，人们便会随着琴声歌声跳起舞来。《敬酒歌》和《劝酒歌》有固定的曲调，有约定俗成的歌词。但是人们往往喜欢即兴改词或填词，来表达当时的心情。

摄影：沈 桥

《敬酒歌》是这样唱的：

草原上成群的牛羊，
这是丰收的征兆。
蓝天上飞鸣着云雀，
这是快乐的征兆。
贵客来到我的毡房，
这是幸运的征兆。
敬上这一碗马奶酒，
祝贵客身体安康！
请接受巴斯巴伊（主人名）的
邀请吧，
美酒是柯尔克孜人的心意，
请贵客端起酒碗，
祝愿生活幸福美满……

《劝酒歌》是这样唱的：

河里流着金子滚着玉，
草原开遍鲜花淌着蜜，
蓝天下阳光撒满大地，
美酒让生活甘甜如蜜。
打火石点不亮夜明珠，
有了美酒草原更美丽。
请贵客再端起这碗酒，
愿我们的友谊像高山，
祝我们生活美满如意……

八、有趣的游戏"打围城"

摄影：沈 桥

柯尔克孜族的一个最富民族特色的运动叫"打围城"，这项运动来源于一个古代战争故事，是用不同颜色的石子或羊拐骨打进一个城堡的图形中去，是一种智力、技巧与体力相结合的运动。

九、库木孜弹唱和史诗《玛纳斯》

柯尔克孜族的库木孜琴弹唱。柯尔克孜族是我国古老的民族之一，主要聚居于新疆帕米尔高原。这里的草原一望无垠，水草肥美，牛羊成群。爱好歌舞的柯尔克孜人每逢佳节聚会，都会举行阿肯弹唱，常常是通宵达旦，不知疲惫。

"库木孜"一词源于柯尔克孜语方言，意思是"奇妙的反映社会之口"。所以库木孜演唱的不是一般的歌，而是事件的叙述、信息的传递。歌词没有固定的内容，完全根据要说的事编成，有时甚至现编现唱。牧民们在听演唱时，既为了听故事，更为了了解信息。库木孜历史悠久，与蒙古族火不思同源，是我国古代西北游牧民族创制的弹弦乐器，库木孜即火不思的谐音。据说是西汉时王昭君出塞后，常常以弹琵琶解忧。琵琶坏后，昭君无以为伴，单于呼和寒邪派人重新制作了一把，不料工匠做

的似是而非，昭君啼笑皆非，称之为"浑不似"，今天说的话，意思就是根本不是一码事。但在广袤的大草原上，浑不似却成了这个游牧民族的嘴巴，唱出了自己的历史和心事。

《玛纳斯》是柯尔克孜族的民

摄影：金 炜

摄影：金 炜

族史诗。这部传唱了千年的史诗讲述了柯尔克孜英雄玛纳斯和他七代子孙的故事。诗中唱道："荒滩变成了湖泊，湖泊变成了桑田，山丘变成了沟壑，冰川变成了河湾，一切的一切都在变幻，祖先留下的故事代代相传。"

演唱时，不以乐器伴奏，曲调的高亢低沉、舒紧疾徐随内容而变化。在《玛纳斯》演唱比赛中，经常连续可以演唱几天几夜。《玛纳斯》就是靠这些"玛纳斯奇"的演唱，代代传承下来的。有多少演唱史诗的艺人，就有多少种史诗的变体。《玛纳斯》是歌唱的史诗，经过了柯尔克孜优秀歌手们世世代代的琢磨，融进了全民族的智慧。这些作为"玛纳斯奇"的歌手或是家传或是由师傅传授，演唱《玛纳斯》时，在不同的地点、不同的时间里，可以自如地即兴发

挥，到今天已经发现了80多种异文。

听《玛纳斯》演唱是柯尔克孜民众最喜爱的艺术形式，为了表达对玛纳斯奇的尊敬和热爱，民众会向玛纳斯奇赠送本民族的白毡帽、服装和羊只、马匹。

1995年，中国出版了居素甫·玛玛依演唱的《玛纳斯》共分8部、23.6万余行，是目前结构最完整、内容最丰富的记录本，相当于希腊《荷马史诗》的14倍。

《玛纳斯》的游牧说唱是草原文明的杰出表现，和农业文明文献典籍一静一动反映着中国历史的伟大变迁，具有重要的历史参考价值。同时在文化上是柯尔克孜人最为辉煌的优秀传统文化代表，也是迄今为止柯尔克孜文学艺术最高水平的代表作，在国际上享有声誉，引人瞩目。

锡伯族

摄影：赖宇宁

一、锡伯族的迁徙

锡伯族的族源是古代的鲜卑，清代舆图将海拉尔迤南的室韦山一带泛称为"锡伯"。

锡伯语属阿尔泰语系满——通古斯语族满语支，是在满语基础上发展形成的一种语言，跟蒲语很接近。锡伯文是1947年在满文基础上稍加改变而成的。新疆的锡伯族至今保持着本民族的语言文字，兼用汉语、维吾尔、哈萨克语。

锡伯族分居中国的东北和新疆两处，新疆的锡伯族原先生活在中国东北地区，与满洲人的语言同属于阿尔泰语系满——通古斯语族满语支，于16世纪末依附于满洲人，成为满清倚重的兵民合一的部族。乾隆皇帝最终剿灭了准噶尔蒙古人的军事对抗以后，为了强化西域新疆的边防，于1764年抽调1020名锡伯官兵，连同四千余名眷属，派往伊犁地区。这批人在蒙古大草原上经过一年多的长途跋涉，于1765年抵达伊犁平原，1766年年初定居在现察布查尔锡伯自治县，主要从事农业。

二、令人称奇的习俗

跳神的叫"萨满"

萨满教是原始宗教末期产生的一个泛神论宗教，认为万物有灵，世界分为三界：天、地、人，而人间的一切祸福因缘都由天神和地鬼主宰，代表人与神鬼勾通的是萨满，其实就是"巫师"，俗称"跳神"。

锡伯族的萨满跳神大体上分为在室内和室外两种。跳神主要是为了逐鬼驱邪治病，由萨满和弟子身穿萨满法衣、敲着单面鼓、唱着萨满歌、跳着萨满舞、吟念着"萨满诗歌"（咒语），为某个家庭或病人驱逐魔鬼，使这一个家庭免除灾祸，使病人恢复健康。

秧歌牡丹"汗都春"

新疆锡伯族说新疆杂话、唱新

摄影：沈 桥

疆曲子剧丝毫不比汉族差，而且有模有样、有滋有味，他们把唱曲子剧叫"汗都春"，汉语意思是"秧歌牡丹"，充分吸取了汉族戏曲中的平调和越调，结合自身特点发展的一种边说、边唱、边舞的新型戏曲。曲目有《小放牛》《下三屯》《送情人》《吴新保》等。新疆曲子剧有"要命娃"称号的名角侯毓民，就是锡伯族曲子艺人的徒弟。

活化石"贝伦舞"

新疆锡伯族还保留着早期渔猎生活时代形成的"贝伦舞"。原始古朴，是地道的原生态歌舞，堪称活化石。

媒人"扎尔伊"

过去，锡伯人的婚配靠的是媒人牵线，父母做主，要经过说亲、许亲、订婚、迎亲四个阶段，他们自己戏称"双腿跑细，车轴磨细"。媒人都是由亲朋好友中的男性长者充任，媒公称为"扎尔伊"（扎尔：代表、代言、代替；伊：老汉）"。在相当多的情况下，热心的扎尔伊还得要为年轻人牵线搭桥。当男方家看上了谁家的姑娘，求到扎尔伊面前，扎尔伊便热心地带着男家的礼物到女方家去提亲。女方家按待客俗招待扎尔伊；如是来访多次，而女方家也有结亲的意愿，待客规格便逐渐提高，由婚礼的第三天，新郎家设大宴招待其亲朋好友，举行结婚仪式。新郎必须在这一天的破晓前将新娘迎至家里，举行程序繁多的结婚仪式。锡伯族男女青年结婚时，新郎、新娘必须向前来祝贺的亲朋好友敬酒，以表示对客人的答谢。远亲近邻都可割一些肉拿回家中食用，主人不记账，也不收钱。

结婚时，女方家大宴宾客，打扮得花枝招展的新娘大方地为客人们倒酒敬茶。新郎带着婚礼仪仗队载歌载舞而来，受到女方家的热情招待。随新郎而来的必须有"奥德来艾尼"（喜婆，中年人。艾尼意为妈妈）和"奥德来阿们"（喜汉，中年人，阿们意为爸爸），这两人都是擅长歌舞说辞、擅应酬的人物。喜婆和喜汉还有一个必不可少的条件：酒量大。新疆各民族又都善豪饮，锡伯人也是这样的好酒量。婚礼这样的大型狂欢活动，不理直气壮地喝他个尽兴怎么行？有了酒，婚宴便闹声喧阗，而喜婆和喜汉的到来，为婚宴又增添了活泼热闹的气氛。

当日，新郎的队伍就在新娘的村子里分散借宿，新郎新娘不同房。第二天新娘家继续举办婚宴（当然婚宴的物品大多来自于男方家的供

茶进而饭，进而肉饭，进而酒。火候一到，扎尔伊提出订婚，若女方同意，则提出聘礼要求，扎尔伊频繁往来于双方之间，居中调停，使双方达成一致，然后商定婚礼日期，其热情和积极性之高，远远胜于给自己办事。

婚礼是一件大事，仪式烦琐，一般在秋后举行。迎亲时，男女双方都要大摆宴席，先在女方家两天。第一天先由男方家聘请亲戚中较有声望、与亲家相好，而且善于辞令，同时属相与女方属相相同的男女各一名和媒人代表男方去把彩礼（喜酒、猪羊等）同迎亲的喜蓬车送到女方家，新郎特意为岳父岳母奉送两瓶酒。男方的近亲及老人们前来送行，预祝一切顺利。称之为"送喜车"。女方家这一天准备第二天的安巴萨林（大宴），杀猪宰羊，并下请帖，近亲都来帮忙。这是女方家开宴的第一天，主要是接受男方送的礼物和安放喜蓬车。婚礼的第二天，女方家设大宴，举行嫁女"萨林"，盛情款待四方客人。

给），新郎新娘与宾客们坐在一起喝酒谈笑。待酒喝得差不多的时候，在新娘父亲授意下，喜婆与喜汉向大家敬酒，并说新娘家已经同意新郎把女儿接走。大家一起为一对新人祝福，送新人上路。

以前，接新娘用四轮马车，一路上大家说笑唱歌，高兴时就一边走一边跳起舞来。在路沿途村庄的时候，也会有小孩用绳子拦住路讨尝的情景，接亲队伍会给孩子们散些糖果，孩子们便欢呼着放行了。

回到男方家，早已有婚宴侍候。大家与一对新人共饮。吉时已到，家族中的长者把新郎新娘引到灶间，让新郎新娘跪在灶前，两人共执一块黄绸巾帕，喜婆喜汉代表大家把切碎的羊油放到绸帕上，新郎新娘一起抖动绸帕，把羊油抖进灶膛中，使灶火更旺，祝愿以后的日子红红火火。

有趣的满月礼

在人生礼仪中，比较有趣的是新疆锡伯族的满月礼，与其他民族为孩子举办满月礼不同，新疆锡伯族人的这个仪式是为产妇举办的。

生产后满一个月时，家里人煮四个鸡蛋，趁热送到产妇身边，两个热鸡蛋夹在产妇腋下，两个握在产妇手中，给产妇盖几床棉被，让产妇发汗。待到产妇出了一身淋漓大汗，将被子一床一床地移开，让产妇慢慢发散掉身上的汗。这意味着产妇在生产和坐月子期间所受的风寒已经被逼出体外，身体已经恢复健康。满月礼之后，产妇就可以恢复农家妇女往日的操劳了。

西迁节纪念家乡

锡伯人的节日习俗与汉族大体相同，春节是一年中最隆重的节日。新疆锡伯族人有一个自己独属的节日——西迁节。

1764年的农历四月十八日，锡伯人在沈阳锡伯家庙(太平寺)集中，吃离别饭与故乡告别，踏上了西迁之路。为了纪念这个日子，锡伯人将每年的农历四月十八日定为西迁节，成为一个极有特色的民俗节日。过西迁节时，家家吃鱼，户户蒸肉，届时还要三五成群到野外踏青摆野餐。过去各家各户都要制作面酱(米顺)，盛入瓦缸中，作菜肴的调味品。每逢农历四月十八日这一天，人们都将隆重开展各种纪念活动，并把这一天定为自己的传统节日。这一天，锡伯族的男女老少都要穿上盛装，欢聚在一起，弹响"东布尔"，吹起"墨克调"，尽情地跳起舞姿刚健、节拍明快的"贝勒恩"。姑娘们的"抖肩"，小伙子们的"鸭步"惟妙惟肖。

摄影：赖宇宁

摄影：沈 桥

弓箭蕴涵着本民族文化

射箭是锡伯人民传统的体育活动。男孩子一出生，家里人就在门口用红绒线挂一副小弓箭；长到五六岁时就开始学骑马、射箭。孩子过10岁生日那天，父亲要送孩子一把用榆木、牛筋做的硬弓。孩子十五六岁时，开始严格的骑射训练，参加民间的各类射箭比赛。满18岁后，参加官方的骑射考核，达标者被选为"伍克辛"应征入伍，成为战士，受到人们的尊重。在一个人成年以后，他又如此这般地把弓箭文化传承给他的后代。过去弓箭作为狩猎工具和作战武器，现在，射箭发展成民间体育活动。锡伯人曾是一个兵民合一的尚武民族，骑马射箭成为全民族的爱好。在西迁节上，射箭比赛是必不可少的活动。锡伯族的青年男女在社交中以弓箭结缘。小伙子向姑娘求爱，要以高超的射箭技艺博得姑娘的芳心。如果姑娘看中了哪个小伙子，就主动同他一道拉弓射箭，以此沟通情感，结为良缘。

在锡伯族人的心目中，弓箭是战斗的武器、狩猎的工具、装饰和把玩的工艺品，富有精神内涵的吉祥物，还是民族精神和历史的记忆。

锡伯人居住的各牛录之间经常举行射箭比赛，比赛方式有立射和骑射等，比赛用的弓箭有硬箭、响箭等。大家为冠军披上红绸，技不如人的落败者虽然不会被人奚落，也不会羞愧难当，但他会杀牛宰羊，置备酒席向赢者表示祝贺。

三、 别具特色的饮食

锡伯族民间许多传统节日，大都与汉族相同。如春节、清明节、端午节等。每年农历除夕前，家家都要杀猪宰羊，赶做各种年菜、年饼、油炸果子。除夕晚，全家一起动手包饺子，正月初一五更饺子下锅；初二要吃长寿面。做长寿面时先做好肉汤，然后将面另锅煮熟，捞出过水，食用时加肉汤，象征着送旧迎新。新疆的锡伯族把每年农历四月十八日定为西迁节，锡伯语称"杜因拜专扎坤"。吃肉时，习惯每人随身携带一把刀子，将肉煮熟后，放入大盘中，自行用刀子切割，然后蘸盐和葱蒜拌成的佐料。习惯做猪血灌肠。也喜食用煮熟的猪血，拌成酱状，并配以蒜泥或葱花单独做成菜肴，还习惯制作各种腌菜。每年秋末，家家都用韭菜、青椒、芹菜、包心菜、胡萝卜等切成细丝腌制咸菜，当地称之为"哈特混素吉"，有时可供全年食用。锡伯族还喜欢在夏季制作面酱以调味。锡伯族过去在饮食上有许多必须遵守的规矩，比如经常食用的发面饼，上桌时分天、地面，天面必须朝上，地面朝下，切成四瓣摆在桌沿一边。吃饭时不得坐门槛或站立行走，禁止用筷子敲打饭桌、饭碗，或把筷子横在碗上。全家进餐按长幼就座，以西为上，过去父子、翁媳不得同桌。

锡伯大饼是一种用平底锅烙出来的发面饼，与中国西北诸省的"锅盔"相似，有多大的锅就可以烙出多大的饼。大饼是新疆锡伯族人日不可缺的主食之一。

新疆锡伯族人钟情于大饼，原因与西迁有关。在长达一年多的漫漫跋涉中，唯有大饼既便于制作又好携带，保证这个民族基本的生存需要，让他们度过了艰难岁月，使他们在远离发祥地万里之外再一次兴旺起来。

新疆锡伯族人的孩子降生之后，直到学走路之前就一直躺在摇篮里。锡伯族的摇篮传承自他们的东北祖先。原型是用桦树皮制成的一种长椭圆形的睡篮，用绳子吊在房梁上，摇动起来幅度较大。新疆锡伯族人的摇篮用木板制成，吊于房梁。每个锡伯族人都睡过摇篮，于是锡伯族人中就有了这样一个说法：虽然新疆锡伯族人远离大海，但乘船到了海上，无论再大的风浪也不晕船，这都是因为从小睡摇篮练出来的。

摄影：赖宇宁

四、节日和供奉的"喜利妈妈"

抹黑节是一个饶有风趣、独具特色的传统节日。相传很久很久以前，一个女人正在烙饼，因小儿拉了屎，她手忙脚乱间用面饼给孩子擦屁股。这一失误触犯了天条，玉皇大帝决定正月十六日太阳出山时烧毁人类和粮食。这一决定传到土地神那里，土地爷动了恻隐之心，偷偷告诉人们，赶在天兵天将到来之前，人们都要往脸上抹黑，让玉皇大帝误认为人间已受蹂躏，从而取消天惩。

也有传说人们之所以互相往脸上抹黑，是为了祈求五谷神不要把黑穗病传到人间，使小麦丰收，百姓平安。所以这一天，人们起得特别早，把晚间准备好的抹黑布（抹锅底的黑灰）或毡片带上，走向大街寻找抹黑的对象。闲不住的年轻人成群结伙挨家串户去抹黑取闹。遇到老年人也不放过，不过要跪地施礼请安，再向老人额头抹一小黑点，以示尊敬。尤其是姑娘，很少有人能逃脱脸上不被抹黑的，此时姑娘们也毫不畏惧，用同样的手段往小伙子脸上抹黑。

供奉"喜利妈妈"，保佑家庭人丁平安、兴旺。喜利，锡伯语是延续的意思，"妈妈"是娘娘神。据锡伯族老人传说："在远古的时候，锡伯族人遇有大难，天崩地裂，洪水滔滔，多数人死亡，幸喜有位女老祖人带领全族人逃难，历尽艰辛，迁到安全的地方，全族人才得以继续生存下来。子孙后代为纪念这位女老祖人，全族人都供奉这位女祖宗，奉为女神。"供奉"喜利妈妈"的位置与一般神的位置也不一样，安置在上房屋西山墙西北角上。祭祀时准备纯黑猪一头，主祭人在喜利妈妈灵前焚香叩头。祭祀完了将同族人请来吃"神余"，即祭祀猪。家庭成员遇有天灾病祸，要到喜利妈妈灵位前许愿。

五、禁忌

晚辈路上遇见长辈要问安并让路；平辈见面要相互问好。客人来访，儿媳要出来装烟、倒茶，若装烟、倒茶的与客人辈份相等，客人应起立或欠身双手接；客人告别时，全家要出来送至大门口。锡伯族人忌食狗肉，忌穿戴狗皮制品；不许坐、踩或跨过衣帽、被、枕；穿过的裤子、鞋袜不能放高处；不许坐、踩锅灶，也不许坐或站立在门槛上；不能在屋内吹口哨，不能用筷子敲桌子和碗碟等；若大门口挂有红布条或一束草，表示家有病人或产妇，外人不得入内。子女在偶数年龄时禁婚，起码有一方是奇数，才能举行婚礼。停灵在家时，禁止猫、狗在灵前绕过尸体，出殡忌申日。从正月初一到十五，妇女不做针线活儿。二月初二，禁止在地上劈柴。家有病人，要在大门外挂上布条或一束草，意为禁止外人入内。

满族

摄影：楼望皓

　　新疆的满族主要集中在乌鲁木齐、伊犁、昌吉等地，长期和汉族混居，受汉文化影响很深。

　　满族有自己的语言、文字，满族属阿尔泰语系满——通古斯语族满语支。东北的白山黑水是他们的故乡，祖先是大名鼎鼎的女真人。满族有自己的文字，但是已经几乎到了失传的地步了。新疆伊犁州的苏哈拉村至今还有80多户满族人家，张、富、苏、何是村中的四大姓，有趣的是他们还有一个维吾尔族名字，房屋建筑也是维吾尔式的，服饰也是维吾尔式的，惟一能体现满族文化的文化宫是他们最后的历史记忆。

一、人生礼仪

满族人注重孝敬长辈，注重礼节，一切礼仪既不烦琐，却亲切自然，在路上遇见长辈，要侧身微躬，垂手致敬，等长辈走过再行；不但晚辈见了长辈要施礼，在同辈人中年轻的见了年长的也要施礼问候。晚辈每日早晚要向父、祖问安，途中遇长辈人要让路，吃饭时长辈先坐先吃。满族重感情讲信义，对宾朋真诚相待，有客人必设宴招待，所允诺之事必全力去做。亲友相见，除握手互敬问候外，有的还行抱腰接面礼。过春节时要拜两次年，年三十晚上拜一次，为辞旧岁，年初一再拜一次，叫迎新春。礼多人不怪，显示了极好的修养。

摄影：宋士敬

小礼叫请安、大礼称大千

就像清代戏里的一样，小礼就是请安，垂手站立，鞠躬问好。大千是请大安，介于作揖和跪安之间，保留了古朴的祖风。

颁金节

是满族"族庆"之日。1635年农历十月十三日，皇太极发布谕旨，正式改族名"女真"为"满洲"，这标志着一个新的民族共同体的形成。

上元节

即正月十五日，俗称"元宵节"。同汉族一样，满族也有元宵挂彩灯和吃元宵的习俗。走百病：满族妇女的节日。一般在正月十六日。当晚，妇女们三五成群，结伴远走，或走沙滚冰，或嬉戏欢闹，叫做"走百病"。

二月二

俗称"龙抬头日"。当日晨，满族人家把灶灰撒在院中，灰道弯曲如龙，故称"引龙"。然后在院中举行仪式，祈求风调雨顺。全家人还要吃"龙须面"和"龙鳞饼"。妇女们这天不能做针线活。

清明节

上坟祭祖时不像汉族纸钱后在坟顶上压钱，而是在坟上插"佛朵"。"佛朵"是满语，译为汉语为

"柳"或"柳枝"。根据满族信仰,柳是人的始祖,人是柳的子孙,为表明后继有人,要在坟上插柳。

端午节

满族过端午节吃粽子、划龙舟,其风俗与汉族相同。

中元节

满族以七月十五日为中元节,也视为超度亡灵的"鬼节"。届时,各处寺院设立道场,燃灯念经,要举行各种超度仪式。

中秋节

满族人家过中秋节也吃"团圆饭"。此外,月亮初升之际,还要供月。即在院内西侧向东 摆一架木屏风,屏风上挂有鸡冠花、毛豆枝、鲜藕等,为供月兔之用。屏风前摆一张八仙桌,桌上供 一大月饼。祭时,焚香磕头,妇女先拜,男人后拜。

腊八节

满族人家腊月初八要泡"腊八

摄影:楼望皓

醋"和煮"腊八肉"。除全家人吃外还要分送亲友。

小 年

满族过小年的习俗与汉族相同。腊月二十三日为"小年"。届时家家户户要祭祀灶神,俗称"送灶王爷"。

二、服饰、头饰、鞋

历史上满族男子喜穿青蓝色的长袍马褂,头顶后部留发梳辫留于脑后,戴圆顶帽,下穿套裤。满族无论男女,常穿袍服,满语谓之"依介",俗称旗袍,大多用绸缎制作。满族的旗袍分单袍、夹袄、棉袍、皮袍四种。满族在穿旗袍时有一个特点,就是在旗袍外套上坎肩。妇女则喜欢穿旗袍,梳京头或"盘髻儿",戴耳环,腰间挂手帕。女穿的旗袍,样式美观大方,讲究装饰,领口、袖头、衣襟都绣有不同颜色的花边,有的多至十几道,穿起来匀称苗条,婀娜多姿。有一种女式旗袍叫"大挽袖"，把花纹绣在袖里，"挽"出来更显得美观。满族妇女所穿旗袍，从样式到做工都十分讲究。在旗袍领口、衣襟、袖边等处镶嵌几道花条或彩牙儿，有的还要镶上18道衣边才算是美。旗袍的样式后来发生了一些变化，开禊从四面改成了两面；下摆也由宽大改为收敛；袖口也由窄变肥，又由肥变瘦，使其穿起来更加合体满族女子身着旗袍，足蹬高底旗鞋，显得亭亭玉立，仪态万千，充分体现满族女子的端庄优雅。旗袍已经成为最具中国文化元素的符号之一。

"两把头"

满族妇女最具有代表性的发式，就是把头发束在头顶上，分成两绺，结成横长式的发髻，高高的发髻最为流行；再将后面余发结成一个"燕尾"式的长扁髻，压在后脖领上，使脖颈挺直。

"大京样"

清代中期，满洲贵族妇女开始盛行"旗头"，也叫"旗头板"、"大拉翅"。就是以头顶发髻为座，上面放置旗头。旗头和我们在舞台上看到的差不多，是一种扁形的冠，里面有铁架支撑，外面用青绒或青素缎等制成，正面有各种珠宝首饰的装点，侧面悬挂流苏，真可谓是动则摇曳生姿，静则雍容华贵。旗头是由"两把头"发展而来的，由于是进关以后才流行起来的，所以，人们也把它叫"大京样"。

花盆底鞋

鞋底中间即脚心部位嵌上3寸多厚的木头，其木底高跟一般高5~10厘米左右，有的可达14~16厘米，最高的可达25厘米左右。一般用白布包裹，然后镶在鞋底中间脚心的部位。跟底的形状通常有两种，一种上敞下敛，呈倒梯形花盆状。另一种是上细下宽、前平后圆，其外形及落地印痕皆似马蹄。"花盆底"和"马蹄底"鞋由此而得名。用细白布包上，木跟不着地的地方，常用刺绣来装饰。足蹬花盆底的旗鞋，可使满族女子显得身材高挑，风姿绰约。

三、满族习俗

"双合饼"

选用精面，用开水和面，均匀地分成两块圆形面坯，在面坯的一面抹上清油，然后把两块面坯带油的一面合在一起，形成一个面坯，再擀成直径25厘米左右大小、厚0.5厘米左右的圆饼子，在平底锅上烙熟，熟饼可以很容易地分成两张。

"双合饼"的配菜有酸白菜猪肉炖粉条、蒸肉、酸辣土豆丝、素炒豆芽，外加两小碗油泼蒜泥和辣椒。

吃时在平底的盘子上铺开饼子，根据自己的口味选菜夹到饼子上，再用筷了夹住饼子卷成筒状，折起一端饼角，防止菜汁流出，入口大快朵颐。这是一种饭菜合一、分餐制的美食。

满族饽饽

满族饽饽历史悠久，其中最具有代表性的是"枣子面窝窝头"，也称小窝头。满族入关前有一种筵席叫"饽饽席"，每桌使用面粉40公斤，可见规模之大。使用的面粉多为黏面，就是以糯米或大黄米、小黄米为主，掺入适量其他米渣，再用豆沙、果仁、白糖作馅。主要的品种有萨其玛、绿豆糕、苏叶饼、豌豆黄、牛舌饼、打糕、油炸糕、黏豆包等。每到冬天，满族人家一般都要做上几锅黏豆包，冻起来随吃随拿。最具特色的就是制作精巧、风味独特的各种点心，统称为"满族饽饽"，因此素有"满点汉菜"之说。

白肉血肠

是满族人宴请亲友的一道主菜。五花猪肉，切薄片，与细切的酸菜同时下锅，开锅后再投入已灌好、煮熟、切成小段的血肠。这道菜香而不腻，营养价值很高。现在沈阳的那家馆白肉血肠，风味绝伦，深受消费者欢迎。

涮火锅

是最为典型的满族饮食。这种饮食与当年满族人游猎生活方式有着不可分割的关系，所以，不论是原始的满族火锅，还是如今华夏大地随处可见的现代火锅，吃起来都会令人联想起"噼啪"作响的山林篝火，联想到"吱吱"作响的小吊锅。可以说满族火锅是如今风靡全国的火锅老祖。除菊花火锅外，比较有名的有什锦火锅和三鲜火锅。

酸汤子

是满族传统食品。秋季新粮成熟之后，农村几乎家家泡酸汤子。将新打下来的玉米整粒浸入缸中发酵，然后用清水冲洗，将酸味去除，磨成水面后，过滤去渣皮，即成汤面。食用的时候，锅内烧开水，用特制的汤子套，套在左手大拇指上，左手握一团汤面，用右手挤压，挤出的汤子条直接入锅煮熟，捞出来后，拌入肉炸酱、鸡蛋酱或葱花酱之类的佐料即可食用。

婚 礼

满族传统的婚姻仪式较为复杂，大致经过通媒、放定、纳彩、过箱、迎亲、拜堂、拜祖、分大小、回门等程序。

通 媒

即由男方家请媒人向女方家求婚，两家开过家庭办公会议后如果都同意后便放小定，即男方家赠如意或钗钏诸物为定礼。然后是订婚，即选择吉日，男方家及其亲戚往女家问名，女家设宴款待，男方家长致词求婚，女方家则推谢再三，男方家坚持求婚，女方家同意后，才算订下婚事，总之是你情我愿，但花絮和插浑打科是少不了的，所谓好事多磨，就此演绎得淋漓尽致。

放定

即递财礼。分放大定和放小定两种。放小定是未来的媳妇拜见姑母兄嫂等男方家至亲时，男方家就慷慨解囊表示自己的欢迎。放大定叫做"过大礼"，俗称"下大菜"，通俗有趣，跟吃席一样，就是选择吉日，男方将聘礼送到女方家。

结婚交响曲

满族人的结婚仪式漫长中散发着浓浓的乡土气息，程序不能像机构改革一样简化。结婚前一日，送亲的要喝"迎风酒"。新娘则离家到男方借好的寓所住宿，俗称"打下发"。次日清晨，女方家用彩车送亲，由其哥哥护送。彩车到新郎家时，洞房门前的地上放有一火盆，让喜轿车抬着新娘从火盆上经过，俗称"过火避邪"。为赶走或杀死随轿而来的鬼怪，新郎要向轿门虚射三箭；也有实射的，但一般都是朝轿底射，以免伤着新娘。接着，新娘被人扶出轿来到天地前，同新郎一同向北三叩首，俗称"拜北斗"。拜完后撒天地

桌，新娘进入临时搭的帐篷，谓之坐帐。坐帐时"开脸"，换头型。坐帐后，新娘跨过马鞍进洞房，新郎用秤杆揭去盖头扔到房檐上。夫妻饮交杯酒，吃合喜面、子孙饽饽，众人闹洞房。在婚日当天晚上，新郎新娘要拜祖宗。婚后第一天，新娘给夫家亲戚装烟敬茶，拜宗族，认明辈分，谓之分大小。一般在结婚三日之后，夫妻同回女方家，拜见娘家人并拜祖宗。婚后一个月，新娘回娘家住一个月，谓之住对月。到了这时，婚娶仪礼乃告结束。

孩子生下庆贺多

满族的育儿习俗比较特殊。生男在门左挂弓箭，生女在门右挂彩色布条，娘家送一个悠车。生儿三天时，亲朋送贺礼，俗称"下奶"。并举行洗礼，称"洗三"。满月时要请客人来"做满月"，并将弓箭或布条取下挂在"子孙绳"上。百日时，要用从各家要的彩布条编成锁，称挂锁。周岁时要举行较为隆重的仪式，让孩子"抓周"。一般在16岁时，男孩剃发，女孩盘发髻。至今在东北满族聚居区仍然保留"下奶"、"洗三"、"做满月"、"抓周"等传统习俗。

葬俗

满族的丧葬以土葬、火葬为主，丧葬仪式是，死者临终前穿寿衣，多为长袍、马褂，为单数。屋内停灵，一般在7日之内。用木板做成灵床，

头西脚东。灵幡用1米左右的红布制成，上缀以黑穗，悬挂在院中高杆上。满族人用的棺具形状特别，上部隆起，上宽下窄，称"旗材"。

祭奠亲人的仪式保留了许多古老传统，如清明节烧口袋、插佛托、烧七、烧百日、烧周年等，都依然如故。

崇拜"万历妈妈"

满族人家在正房西山墙外，立有"万历妈妈"的祖宗龛子。这是为了纪念梨花的，即传说中的"万历妈妈"。一切祭祖，都像对待祖先一样。但是，梨花因是汉人，不是本族，所以，龛子设在门外，真正的祖宗龛子是设在正房西屋的西山墙上。

舞 蹈

"莽势舞"，是由满族狩猎和戎马生涯演变而来。这种舞蹈一般在新年和喜庆的时候跳。跳舞时，人们举起一只袖子挡在前额，反手藏一只袖子在背后，盘旋作势，成双对舞，旁边的人拍手唱歌，击鼓伴奏。跳舞时还有人戴着假面具，做骑马射击等动作。莽势舞共有9套动作：第一组为起式，第二组为摆水打鱼，第三组为穿针织网，第四组为吉祥欢庆，第五组为单奔马打猎，第六组为双奔马出征，第七组为群龙起舞，第八组为群龙戏水，第九组为大团圆。

秧歌舞：满族民间舞蹈。早期多在上元夜表演，人数直几个至数

摄影：楼望皓

十人不等，表演者各持尺许两圆木，敲击对舞。由男子三四人扮成妇女，三四人扮参军，及持伞灯者、卖膏药者作前导，以锣鼓伴奏。"舞毕乃歌，歌毕乃舞"，为歌舞分别表演。有徒步、高跷之分，舞者脚下绑三四尺高木棍，即称踩高跷，源于满族早期的狩猎生活，经发展演变后之秧歌舞龙灯、耍狮子、赶驴、跑旱船等与之同时表演。男女皆有并在街头游行演唱，一人于队伍前指挥，节奏由指挥者决定，若两秧歌相遇，则行抗肩礼。

腰铃舞：满族民间舞蹈。由数名腰系铜铃男子表演。表演时打开响板，扭动腰铃，使板声、铃声相和。源于满族早期骑射生活。萨满祭祀时变跳此舞，但动作较简单，腰铃与神鼓同时使用，并伴祭祀时所唱神歌。

喜起舞：清代宫舞蹈，又称文舞。属庆隆舞一种，源于莽势舞，多于朝廷三大节筵宴及殿廷内筵宴时表演。可舞者22人，由侍卫内选充任，着朝冠朝服，悬朝珠朝带、佩刀等成两队。每队11人同时起舞，舞毕北向三叩头，次队复进，更舞如仪。

五魁舞：起源于满族人民狩猎生活，舞蹈者分别伴作虎、豹、熊、鹿、狍五种动物，模拟跑跳动作，多在狩猎归来或丰收之后表演。后来，成为乡试时的保留节目。

铜镜舞：满族舞蹈。又名托利舞，因舞者手持铜镜而得名。始用于舞蹈时，由几名女子手持铜镜上下左右移动，利用镜光制造气氛，后发展成单独舞蹈。表现满族少女持镜于河边梳洗的情景。

单鼓舞：满族舞蹈，舞者一手拿鼓，一手的敲击；两腿轮跳，健美有力，身着彩衣，头戴红帽，此舞模仿、借鉴了萨满祭祀中的舞蹈表演，有浓郁的满族狩狩猎生活情趣。

灯舞：满族民间舞蹈。舞者由十几人至数十人不等。舞者各持两苗灯起舞，并通过舞蹈动作及队形变化走出各种花样，多于除夕之夜表演。

禁 忌

满族禁忌较多。不允许亵渎神灵和祖宗。比如满族以西为贵，祖宗匣放在西炕上，西炕不许住人和放杂物，不能有各种不敬行为。不许打狗，更禁忌杀狗、食狗肉、戴狗皮帽子，也不允许外族人戴狗皮帽子进家。

塔吉克族

摄影：金　炜

一、戴王冠的民族

塔吉克族是个操印欧语系伊朗语族的跨国民族，分布于亚洲的几个国家，"塔吉克"是"王冠"之意。中国的塔吉克族属于高山塔吉克，大部分聚居在中国新疆维吾尔自治区喀什地区塔什库尔干塔吉克自治县，其余则分布于新疆南部的泽普、莎车、叶城、皮山和阿克陶等县，总人数四万余人，为中国人口较少的民族，也是中国惟一的操印欧语系、属欧罗巴人种的原住民族（另一个操印欧语系的白种人民族俄罗斯族是清朝末年迁入中国的）。

中国塔吉克族还是新疆惟一的信仰伊斯兰教什叶派的民族。

1954年成立的塔什库尔干塔吉克自治县，是中国塔吉克族最大的聚居区。

高原也许对别的人是严酷和吝啬的，但对于塔吉克人却是慈爱和慷慨的。他们在高山牧场上放牧牲畜，在低谷农田中种植庄稼，兼牧兼农。在这里，路不拾遗、夜不闭户不是传说，你就是掉了一个钉子，细心善良的塔吉克人发现后会站到原地等你回来，实在等不着的话，会把捡到的东西放到最醒目的位置。塔吉克人说：牧场是牛羊的天堂，不是豺狼躲藏的地方。真正的猎人一眼就可看出混在羊群中的是狼还是狗，一切坏人都躲不过塔吉克人的眼睛。塔吉克人有一种特殊的风俗，他们在路上发现有人遗失的物品，就把遗物放在路边，用小石子围上一圈，表示"物归原主，让主人来取"。倘若你到帕米尔高原游览时，在路旁发现有什么物件，上面放着一块石头，千万别动它，这是塔吉克人物品的"临时寄存处"，他们得让人一看就知道"此物有主"，决不会被移动或被别人拿走。你若不知道他们的习俗，出于好奇，翻看他们的东西，将被人认为不规矩而受到责备。善良在此地和塔吉克人高尚的灵魂同住。

二、在高原上的生活

日常饮食

塔吉克族的饮食，牧区以奶制品、面食和肉食为主，农业区则以面食为主，奶制品和肉食为辅。一般为早餐吃馕、喝奶茶，午餐吃面条或乌麻什（用面粉、玉米面或青稞面做的糊糊），晚饭多以肉食品为主。过去很少吃蔬菜。

美 食

抓饭（波罗），是塔吉克族的医学家伊本西那（公元980~1037年）创造的，放羊肉和红萝卜，极为养人，滋阴壮阳。

手抓肉（西尔乌），称为"大块肉"，不像其他民族要剁成小段，而都是大块大块的，用山上的甘泉水煮出来，味道让神仙也吞口水。

油肝（冬巴吉格尔），用两片羊肝夹一片羊尾巴油并撒些孜然、精盐和胡椒粉等调料食用。现在人戏称为脂肪肝，但在高寒山区，这却是真正的美食，如果你真的吃得到

嘴里，才能感受到塔吉克人埋藏在其中的文化。

饮食礼仪与禁忌

塔吉克族信仰伊斯兰教，禁食猪、马、驴、狗、狼、熊、狐狸、旱獭、兔和猫等动物，禁食未经按教规祈祷后宰杀而死亡的动物。伊斯兰教认为血液是人和动物的灵魂寄居的地方，动物的肉可供人吃，但动物的灵魂不能吃，因此塔吉克人还禁食动物血及血制品。因为塔吉克族信奉的是伊斯兰教伊斯玛仪派，所以忌食马肉，忌饮马奶，忌食乌鸦和猛禽。

摄影：沈 桥

摄影：朱明俊

三、温和亲切的礼节

见面以吻为礼

男子平辈相见时互相握手，然后俯身互吻握着的手背，或互相拥抱；不同辈之间长辈吻幼辈之额，幼辈吻长辈手心。女子相见时，长辈吻幼辈的眼睛或前额，幼辈吻长辈的手心；平辈互吻面颊，近亲之间则吻唇。男女相见，一般行握手礼；如男子是亲近的年老长辈，则女子吻其手心。近亲久别重逢时有许多问候语并互相拥抱。孩子们每天早上要对父母行吻手礼。男女互相见面时，女性要吻男性的手心，男性的则要用手轻轻地按一下女性的头部，以示敬意。

待客礼

塔吉克人认为羊头是一只羊最珍贵的部分。进餐时，主人首先向最尊贵的客人呈上煮熟的羊头，客人割下一块肉，再把羊头双手送还主人；主人接着请客人吃一块夹有羊尾巴油的羊肝，然后主人请一位客人执刀分肉，客人往往互相推让，请主人分肉。如果未等主人收好饭单客人便起身，会被认为是对主人的不尊重。客人若先从盘中取一块献给忙碌的女主人，主人将更加高兴。接着，主人要先将羊头献给席间最尊贵的客人，待客人割下一块肉时，再把夹着羊尾油的羊肝分别献给各位客人，以示敬重。之后，大家开始蘸盐水吃肉。为增添席间的欢乐气氛，青年人要竞相比赛折羊骨，即用双手握住油滑的羊腿骨轮流用力折。这是技巧和力气的较量，折断者受到大家热烈地称赞。晚上，在主人的热情招呼下，睡在温馨的房间里，别有一番异乡情趣。

出生礼

塔吉克人在新生命诞生前要在

门口点起一堆火，孩子出生后立即向天窗外鸣枪三响，在过去没有枪的时候，就射出三支响箭；如果连响箭也没有，就只好站在门外的高处大喊三声。如果是女孩则不鸣枪，而是在婴儿的头下放一把扫帚，祝她将来成为一个恪守妇道的好女人。

开嘴开耳仪式

孩子生下的第二天，家庭中的长者用鹰或鸽子的羽毛蘸上开水或牛奶，在婴儿嘴上来回涂抹几次。这就是"开嘴"，意为已经正式赋予这个孩子以吃食的权利，母亲就可以给孩子喂奶了。接着，对着婴儿大喊三声，如果是男婴，父亲会向天窗外放三枪，这是"开耳"，意为这个孩子从此有权听到这个世界上的所有声音。老人会在女婴的脚下放一把扫帚和针线荷包，祝婴儿长大后心灵手巧，是一个善于操持家务的好女人。

如果是男婴，则在婴儿头顶处放一把匕首，身旁放一把弓箭或一支猎枪，祝福他长大后成为矫健勇敢的男子汉。仪式结束时，老人在婴儿、产妇的身上和住房的墙壁上撒些面粉，驱邪祈福，保佑孩子平安。

胎毛礼

塔吉克族的女孩长到一岁多的时候要举行剪发仪式，剪去胎毛，从此可以梳辫子了。为此，这一家要宰羊煮肉，大宴宾客。家里请来有经验的人为执剪人，大家要向执剪人送一份象征性的礼物，以祈求他手中的剪刀给孩子带来好运气。欢聚而来的亲友乡邻们以歌声和舞蹈进行祝贺。在大小和大孩子们的哄劝下，小女孩高高兴兴地接受剪发。

婚恋

塔吉克族小伙子求爱，并不回

避人们的眼光，希望人们知道，他在求爱了，而且得到了心爱姑娘的爱情。塔吉克人在举行喜庆活动时，人最多，气氛也十分热烈，人们击鼓吹笛，狂歌欢舞。人们除了欢庆节日或是庆贺喜事之外，小伙子向姑娘求爱也成了喜庆活动的内容之一。小伙子在清脆的、有节奏的鹰笛伴奏下，个个频频出阵，他们伸开双臂，迈开舞步，跳起了刚健有力的鹰舞。面对围观的姑娘，他们施展自己最拿手的舞姿，以博得姑娘们的欢心和爱慕。动情的姑娘，也许是恋人，为了表达自己对小伙子的钟情，会害羞地将自己的红头巾搭在所爱慕的小伙子的左肩上，这时人们会欢呼，会喝彩，表示祝贺。有时，人们为了增添欢乐的气氛，或是为了戏弄某一个

小伙子，一些已有对象的姑娘或是少妇，也会向小伙子的左肩上搭上自己的红头巾，有时，一个小伙子的左肩上会搭好几条红头巾。小伙子也不知道，哪条红头巾是真正爱自己的姑娘搭的，弄得他啼笑皆非，这种"以假乱真"的把戏，往往会逗得在场的人捧腹大笑，增添了欢乐的气氛。更有趣的是，有的姑娘为了戏弄某个小伙子，特意挑一条又脏又旧的老太太的深色头巾搭在小伙子的肩上，搞得全场哄堂大笑。

提亲的台词是约定俗成的，大致是这样的内容："塔什库尔干的乡亲们都说，你们家的某某姑娘是帕米尔高原上最艳丽的红玫瑰，我们想请她到我们家里烤馕做饭，照顾老人。我们的儿子某某是马群里

摄影：沈 桥

的最矫健的马，他希望能到你们家来，给你们劈柴、磨面。"等等，并说："前来提亲不为罪过，未商议好就走才是罪过。"女方的代表要当即答复是不是接受男方的求婚。如果女方表示答应了这门亲事，男方的代表就吻女方代表的手表示感谢，这门亲事就算订下来了。随即，男方的首席代表走进姑娘闺房，去看望未来的新娘，向姑娘报告喜讯，并给姑娘戴上带来的耳坠、戒指，披上红头巾。

塔吉克族的婚礼要举行三天，热闹而隆重。第一天，新郎和新娘要在各自的家里进行打扮和准备，并招待前来贺喜的客人，男女两家忙忙碌碌，喜气洋洋。新郎和新娘都要挑选自己的陪伴。另外，在衣着上也颇讲究，衣饰上除了要穿民族特色的服装外，重要的是要在新郎头上缠上红、白两色的布，这是新郎重要的标志；新娘则要戴上系有红、白两色手绢的戒指，这种

装束象征着吉祥和幸福。

迎亲队伍要启程返回前，新娘对自己的父母、兄弟及亲朋挚友，施礼辞行，感激父辈及兄长们的抚育之恩。然后挥泪上马，与新郎同乘一骑，新郎在前新娘在后。在《哭嫁歌》声中远去。

摄影：金 炜

四、帕米尔高原的节日

迎春节（肖公巴哈尔节）

"肖公巴哈尔节"，塔吉克语意思是"迎春"，在每年的3月份春分节开始。每年三月的春节，是迎接一年开始的节日。届时家家户户清除尘土，用面粉在墙上撒上花纹和"川"字形，意思是人畜两旺。塔吉克人节日早起，先将牦牛一头牵到主要居室内绕一周，在牛身上也撒上些面粉，喂一些馕，将牛拉出。人们在众人推举的"肖公"（率领一群人去各家拜年的首领）带领下去各家拜节，进门便道"恭贺新喜"，主人回答"但愿如此"。接着将面粉撒在肖公及来客肩上以示祝福，而后热情款待来客。妇女们在家中待客，孩子们同男人去拜节，姑娘媳妇则携带节日油馕去给父母亲友拜节，节期为三天。

引水节（祖吾尔节）

　　"祖吾尔"在塔吉克语中为"引水"之意。每年的春耕到来之时，在族长或穆拉甫（水官）的带领下，人们到水水渠源头，破冰引水。节日这一天，全村人在穆拉甫（水官）的带领下，骑马到引水点，参加破冰修整渠道的劳动，引水入渠之后，人们聚在一起，共食带来的烤馕。孩子们则互相撩水嬉闹。食毕，大家一起祈祷，祈求风调雨顺、庄稼丰收。最后，大家骑着马隆重庆祝引水节，并举行叼羊、赛马比赛。节日过后便开始耕种。

101

播种节（铁合木祖瓦斯提节）

"铁合木祖瓦斯提节"在塔吉克语中意思是"播种"或"开始播种"，故又称"耕种节"，时间是引水节的第二天。

过这一节日，各家农户先要烤馕，还要做一种叫做"代力亚"的饭（将大麦碾碎煮熟和压碎的干酪混合在一起做成的一种饭），还要给牛做一种状似耕牛或耕具的面团。邻里相互拜节，当前来拜节的人出门时，妇女跟随其后出来洒水，以祈求丰收。大家聚在田头，由德高望重者带领祈祷，据说，这种人撒种，可以获得丰收，所以大家请他撒下第一粒种子，以求吉利。干完地里的活，大家互相拜节。节日期间，整个村子都充满相互合作的融洽气氛。

"皮里克"节

也称"巴罗提"（灯节），是塔吉克民族的节日，每年斋月前的一个月举行，共过两天。节日从第一天的晚上拉开帷幕。开始时，全家老小围坐在炕头上，炕中央摆着一个沙盘，供插酥油灯之用。全家坐齐后，家长开始叫每个成员的名字，叫一个答应一个，并在应者面前插一支酥油灯，家庭成员若有10个人，就要插10支酥油灯，表示兴旺和吉祥。接着，每人要伸出双手在酥油灯前烤一下，然后祈祷，愿安拉保佑一年平安。仪式结束后，全家人在灯火前共进丰盛的晚餐。餐毕，户户都要把棉花缠在"卡乌日"草上，扎成火把，并涂上酥油，绑在木杆上插到屋顶点着，使家家的屋顶上火光通明，耀人眼目，这种灯称之为"天灯"，据说可以招来吉祥，带来幸福。"天灯"点燃之后，全家人要肃立在屋前，仰望着"天灯"默默地祈祷，以求平安。与此同时，在自己的房门前还要点火堆驱鬼，孩子们围绕火堆高兴地观看和跳跃。这一夜家家户户火光通明，人们彻夜不眠，通宵达旦地娱乐，处处洋溢着节日的欢乐气氛。

摄影：沈 桥

五、民族歌舞

塔吉克族民族音乐主要有民歌和舞蹈音乐两类。新中国成立后，一批民族专业音乐工作者迅速成长起来，以塔吉克族民间歌曲"古力碧塔"作素材所写的电影音乐《冰山上的来客》的插曲《花儿为什么这样红》，深受人们喜爱。民歌《古力碧塔》讲述的是，一名为商人赶脚的塔吉克青年，爱上了喀布尔城的一位公主，但遭到了反对，青年只能顺着古丝绸之路流浪，把优美凄凉的歌声传遍了所有他路经的地方，最后传回到帕米尔高原他的故乡。这首歌的原唱比电影插曲更委婉动人。

鹰笛与鹰舞

塔吉克人的乐器中，笛子被称做"鹰笛"，它在塔吉克文化生活中所占地位极其重要。塔吉克人认为自己是鹰的子孙，他们崇拜鹰。鹰笛是由鹰的翅骨制成，三孔竖吹。

塔吉克族舞蹈是模仿鹰的飞翔而翩翩起舞，矫健而富于变化。鹰舞是塔吉克族的民间传统自娱性舞蹈，场地不受限制。无论田埂地头、庭院室内，只要人们兴致所至都可起舞。其舞步与鹰笛的曲调是一致的，基本动作是：腰微弯，右臂朝前伸，手指微朝上，左臂弯曲朝后，位于腰部，手指伸开。脚步随着笛声和鼓点旋转360度，此时，收回右臂放在背后，伸出左臂朝前。有时两臂平行，有时两臂一上一下，恰似鹰的翅膀，脚步随鼓点和笛声可旋转180度和360度，也可朝前和左右前进。无论在旋转或是在前进时，两肩还要随着曲调的节奏不停地一上一下地抖动。鹰舞主要是男人的舞蹈，但也有男女合跳的，也有集体跳的。遇到节日或是婚礼，只要是鹰笛和手鼓声一响起，男男女女都会翩翩起舞。

摄影：金 炜

103

乌孜别克族

摄影：武纯展

一、乌孜别克族的由来

    "乌孜别克"是本民族的自称，它的来源与该民族的形成密切相关。14世纪前期，蒙古金帐汗国在乌孜别克汗（《元史》作"月即别"或"月祖别"）统治下国力一度强盛，故该国又被称为乌孜别克汗国，其臣民也被称为"乌孜别克人"。15世纪金帐汗国的一部分游牧民在昔班尼汗率领下，南下进入中亚农业区，与当地使用突厥语、从事农业的土著居民融合，从而形成了中亚的乌孜别克族。18世纪50年代清朝统一新疆后，中亚乌孜别克人前来经商的日渐增多，其中部分人逐渐在新疆定居，繁衍生息，这就形成了中国的乌孜别克族。

二、婚俗

乌孜别克族在婚姻方面仍恪守本民族固有的传统习俗和礼仪。按传统习惯，男女青年结婚必须遵循先长后幼的原则，即兄未婚，弟不可娶；妹不可先嫁；姐未嫁，弟不可娶妻，妹不可嫁人。按出生的顺序结婚，按大到小，弟妹若是比哥姐早熟先有了朋友，那就赶紧给哥姐帮忙，否则，就按住驿动的青春只能花前月下了。

结婚要到女方家

乌孜别克族男女联姻要经过订婚、送聘礼和完婚三个阶段，具有本民族特色的习俗则体现在完婚阶段。乌孜别克人对婚礼是十分重视的，仪式一般在女方家举行。新郎和新娘都要穿上新衣服，新娘还要蒙上面纱。这天要宰羊、煮肉、做抓饭，还准备丰富的乳制品。客人们要为新婚夫妇赠送礼品和生活用品，帮助他们建立新家庭。在举行婚礼的这一天，新郎和新娘的父母分别出来招待前来祝贺的亲朋好友和来宾。客人们都要向新郎的父母祝贺，同时也要向新郎和新娘祝贺，希望他们相亲相爱，白头偕老。这天下午，新郎的妹妹也前来参加，女方家要用隆重的礼节欢迎她，在她进门时，要铺上一块长布，并要将糖果分给跟随她来的孩子们。晚上，按伊斯兰教的仪式举行结婚典礼，结婚仪式结束后，新郎把新娘接回家。

娶媳妇先掏"讨休钱"

女家必须以抓饭招待客人。结婚仪式之前，男女双方父母要媒人一起协商"讨休钱"，所谓"讨休钱"，是结婚以后如果男方提出离婚时，男子必须付给女子的款项。对于乌孜别克族来说，离婚是相当可耻的。小两口恩恩爱爱过日子才是光彩的。因此，在这个民族里，夫妻发生离异的现象，是极少见的。不过，如果夫妻实在不能在一起生活，而且离婚又是男方主动提出，当着女子的面说过"我不要你了"之类的话，那么，女方不但可以带走自己的嫁妆，同时男方必须付给一定的"讨休钱"。讨休钱在婚礼举行前就商定好，这在某种意义上来说，是对那种喜新厌旧、见异思迁男子的一种限制和约束。

讨休钱商定之后，在阿訇的主持下举行结婚典礼。阿訇诵经，询问新婚夫妇是否愿意结为伉俪。当一对新人都表明同意结合后，阿訇拿一块用盐水浸过的馕分送给新郎和新娘各一块，这是婚礼中很有意义的一项内容。乌孜别克人珍视盐，认为盐可以加深夫妻感情，馕又是乌孜别克人生活中不可缺少的主食。二者

融为一体，象征着新婚夫妇好像盐和馕一样永不分离，天长地久。婚后第二天，新娘主办"吉尔克派克"（联欢会），再过一两天，新娘的父母举行"恰利拉尔"，即请新郎及其父母亲友等人作客。入席均按长幼分坐，并向新郎与来客分别赠送礼物；新郎的父母为表示答谢，也举行"恰利拉尔"，请新娘的父母亲友做客。至此，结婚仪式才告完成。

"请新娘"和"搬新娘"。"请新娘"是由新郎的亲友将新娘请去作客。"搬新娘"是新郎的亲友将新娘叫回家中，新郎要带礼物前去，请求将新娘"放回"。新娘则抱着母亲哭，表示不分离，父亲则为女儿祈祷。然后，由老年妇女或新娘的嫂嫂等人护送新娘回婆家。当新娘回来时，要在院中生起一堆火，新娘绕火堆一周，踏着铺在门前的白布进屋。在此时刻，撒水果糖及其他小食物，表示恭喜新娘返回。然后，送新娘的客人返回，只留下年长和有威望的妇女，等次日返回。

婚后的第二天，新娘要办"吉尔克派克"（一种娱乐的联欢会），邀请亲朋好友载歌载舞进行庆贺。过一两天后，新郎新娘的父母要举行"恰里拉尔"（一种专由老年人参加的答谢会），宴请双方的家长和友人，并互相赠送礼物表示答谢，增进双方的友情。这样婚礼才算结束。

除此之外，还有一些颇有风趣的活动，如新郎的亲友要请新娘去做客，表示祝贺和祝福。另外新娘的亲友还要把新娘"叫回"娘家，新郎要带上礼品去娘家，"叫回"新娘。但新娘则表示"不愿意"回去，抱着母亲哭泣。这种形式和汉族姑娘过门后回娘家的习俗差不多。这时父亲要为女儿祈祷，祝愿这对青年人恩爱到老，平平安安。然后由妇女们和新娘的嫂嫂等人把新娘护送到婆家。有的地方在新娘回来时，还要在院中生一堆火，新娘要绕着火堆走一圈，然后顺着铺着白布的路走进屋门。此时，撒些水果糖，让小孩们抢着吃，对新娘的返回表示祝贺。在家境比较贫寒的家庭中，还有一种"交换婚"现象，就是彼此之间实现资源的优化配置，乌孜别克语称"卡依恰库达"。这种前提是两家都比较困难，通过双方置换皆大欢喜，如甲乙双方都有男孩和女孩，到了结婚年龄，甲方的男孩可娶乙方的姑娘为妻，乙方的男孩也娶甲方的姑娘为妻，这样双方都省去彩礼和其他开支，还做到了亲上加亲，关系更加融洽。

三、人生礼仪

命名礼

孩子出生后，要请阿訇或是知识渊博、威望较高的老人来取名。如果生的是孪生兄弟，大的叫艾山，小的叫玉山；如果是孪生姐妹，大的就叫帕提玛，小的叫卓热；如果是一男一女，男的取名塔伊尔，女的取名卓热，或是男的叫帕尔哈提，女的叫西林。郑重地起好名后，就要欢庆一下，家里的长者全部出席，为孩子送上满心的祝福。乌孜别克妇女生育习俗颇为讲究。在生孩子时，丈夫是绝对不准进屋的。而产妇在7天之内必须足不出户，饮食起居，则由婆母、嫂子、弟妹等人悉心护理。

满月不出酒 乌孜别克族的习俗是孩子满月不做酒，而是在孩子出生的第11天大宴宾客，祝福母子家人，甚为隆重。婴儿出生的第15天，父母再宴亲朋，为孩子举行"摇篮礼"。当日给婴儿穿上新装，由亲友或邻居中德高望重的老人将婴儿从母亲身边抱起来放在摇床上，让老人念祝福词。更为隆重的是婴儿出生40天时举行的"洗礼"。这一天，婴儿父母要准备好一只大澡盆，再从清真寺取一点土，然后把土和一枚金首饰（如金戒指或金镯子一类）放入盆内，再把孩子放入澡盆内。从亲友、邻居家请来的40个小孩作陪，用木勺舀水淋到婴儿的头上，边淋洗边说一些诸如"幸福"、"健康"、"前程锦绣"等吉祥之词。这时，年轻的母亲当众给

孩子洗一个澡，"洗礼"仪式则告结束。举行完"洗礼"，产妇就可以出门参加一切活动。

苏麦莱克仪式

是乌孜别克族特有的一种民族仪式。每年春季，以乡村为单位，村民集中用麦苗熬制成一种紫色的粥样甜汁食物，第二天由长辈向各户分发以纪念从事农业的先民。也有传说为纪念先知的两个孙子的。

割礼仪式

又称为"小喜"。男孩在5~7岁时进行，源于伊斯兰教教仪。

丧 葬

乌孜别克人死后，要马上告知所有亲友。参加丧礼的男人在腰间扎一白带，妇女在头上扎一白带。阿訇为死者诵经时，妇女围尸哭泣，男的一律在户外。死了年幼者，只告知直系亲友。为死者净尸必须是同性别者。埋葬后，在净体的地方放一个花盆，点一盏长命灯。从这时起，该室不能住人。埋葬七天之后，儿女方可脱孝服。在死后的二十天、四十天、七十天、一百天，都要做"乃孜尔"。周年内的每个"主麻日"亦要做小型"乃孜尔"。周年内儿女头扎白布，不能外出做客，不能参加别家婚礼，周年后此禁才可撤除。

住 房

乌孜别克人的住房一般为土木结构，自成庭院，房屋一般高大宽敞，土墙很厚，一般在0.8 ~1米

左右，四面用砖打底或包裹，平顶稍斜，有的在顶上覆盖铁皮以防漏雨渗雪。伊犁地区的乌孜别克族住房一般有延伸的廊檐，夏季可在檐下吃饭、会客，冬季可避风寒。南疆的乌孜别克族住房一般在室内墙上挖壁龛，用雕花石膏镶砌各种图案，可存放用具，放一些小摆设，室内的柱子上刻有各种图案。冬季一般用壁炉取暖。各家多在庭院里搭葡萄架，牧区的乌孜别克人均住毡房，类似蒙古包。

服饰

男子一般穿长衫，并有花纹，样式类似维吾尔族的"裕袢"，乌孜别克族称之为"托尼"。无钮扣，无斜领，右衽有的带有花纹，长及膝盖。腰间以各种绸缎、花布绣织而成的三角形绣花腰带。青年妇女多穿连衣裙，称"魁依纳克"，宽大多(幅)褶，不束腰，也有穿各式短装的，颜色艳丽。无论男女传统习惯穿皮靴，

皮鞋外加浅帮套鞋。高筒的绣花女皮靴"艾特克"堪称乌孜别克族精湛的手工艺品，妇女不论老幼都留有发辫，喜欢戴耳环、耳坠等装饰物品。

花帽

乌孜别克人都爱戴各式小帽，其中"托斯花帽"较为有名，绣有白色巴旦木图案，呈白花黑底，古朴大方。"塔什干花帽"则色彩对比强烈，火红闪耀，如盛开的花丛。青年男子一般喜欢戴红色小帽，老年男子多戴深绿色。妇女除戴小帽外，还有围方头巾的。按其宗教习惯，妇女出门必须穿斗篷，头上蒙面纱，从头到脚都不得露，现在，随着现代文明的影响，服饰日趋现代化。

尊老爱幼和好客的民族 乌孜别克族注重礼节，尊重长者，说话行路均让长者先。骑马外出时若二人同行，则长者在前，幼者在后，男在前女在后。男的相遇，手放胸前鞠躬后握手；妇女相见，手放胸前鞠躬后可拥抱。

用餐时，长者居上座，幼者居下，家庭人口多的人家，还分席用餐，一般情况下孩子和妇女要另设一席。过去许多食物都手抓食，因此饭前饭后都要洗手，用毛巾擦干，不能乱甩。现除牧区仍然以手抓食之外，大部分乌孜别克族都改用筷子和汤匙。吃饭时严禁脱帽，不能当着客人的面咳嗽。

乌孜别克族好客，对远道客人盛情款待。他们常用抓饭招待客人，客人至少要吃一点，否则被认为是对主人的不恭。老年人吃饭时常用双手摸面做"都瓦"(一种祝福的宗教仪式)。

四、热爱音乐和文学

乐器是民族最直面的文化表现，弹布尔是乌孜别克族弹弦乐器。历史悠久，形制古朴，音色优美，富有独特的地方风格，常用于独奏，合奏或歌舞伴奏，流行于新疆喀什、和田、库车、乌鲁木齐、伊犁和鄯善等地。

相传14世纪时民间已有演奏弹布尔的著名艺人。清代，弹布尔被列入宫廷回部乐（即维吾尔族音乐）。它最初流行于南疆，18世纪末传到北疆和东疆，深受天山南北广大乌孜别克族人民喜爱，是"麦西热普"和演奏"十二木卡姆"离不开的乐器。

"麦西热普"是民间特有的歌舞并举的艺术形式。每逢佳节、婚礼、丰收之后或盛夏之夜，人们便聚集一起载歌载舞，未婚青年男女则相互表达爱慕之情。随着弹布尔奏出的引子，服饰鲜艳的姑娘首先入场，舞姿婀娜，手势纤巧。小伙子随后紧跟，动作粗犷，刚劲有力。越跳人越多，男女老少，千姿百态，总不停歇间断。鼓声铿锵，歌声高亢，舞步由慢而快，最后变成急速不停的旋舞，直到场中剩下一对舞者时，他们才算是这场"舞赛"的优胜者。只有技艺高超的老艺人才能担任弹布尔乐手，他们为欢乐的歌舞操琴，乐声、歌声连绵不断，歌舞经常通宵达旦。

热爱文学

乌孜别克族的民间文学是乌孜别克文学的重要组成部分。流传最为广泛的是民间故事，其他还有叙事诗、歌谣、笑话、谚语等。

歌颂劳动、友谊、爱情，颂扬爱国主义、英雄主义，反对压迫、反对侵略是乌孜别克民间文学的基本主题。

民间故事有历史故事、生活故事、动物故事、爱情故事、趣闻轶事等，内容丰富，渗透着乐观主义精神和为实现愿望不屈不挠的斗争意志。《有手艺的青年》《巴赫拉姆和西尔扎德》是对劳动和创造、对劳动者高尚的品格和思想情操的颂歌；揭露帝王暴虐无道的故事《英雄三兄弟》《暴君》《愚蠢的国王》，显示了人民的英勇、机智，嘲讽了统治者的昏庸无能；《会说话的夜莺》《克穆买提和祖姆莱提》《穆克比勒掷石手》《曲与直》塑造了战胜凶残邪恶势力，无私无畏，毫不动摇的英雄形象；《齐亚德巴图尔》《约斯那巴特公主》歌颂了坚持正义、反抗暴政中劳动人民相互关怀的亲密友谊；《巴依和喀兹》揭露了封建制度与宗教迷信的荒谬；寓言故事《狐狸与大雁》《狐狸的礼物》揭示了谎言与欺骗绝对不能长久；《猫、狗和松鼠》说明力量不在大小，只要同心协力就能取得成功。此外，机智幽默故事《阿凡提的故事》，长久以来，也在乌孜别克族中广泛流传。

叙事诗有《阿依苏罗》《阿尔兹

摄影：武纯展

伟大的作家和诗人纳瓦依以其文学创作上的辉煌成就——《五部诗集》及《四部诗集》等大量作品为乌孜别克文学奠定了基础，成为乌孜别克、维吾尔等突厥语系民族文学史上一座共同的丰碑。正是在以纳瓦依、麦赫穆尔、古勒哈尼、穆克米、福尔凯提等诗人为代表的深刻反映社会现实、敢于抨击一切黑暗势力、忠实反映人民愿望的优秀文学传统的影响下，乌孜别克族文学在新民主主义革命时期，进一步接受了先进的革命思想的哺育，于20世纪30年代产生了一批打破宗教经院诗体束缚、开拓新内容、创造新形式的诗人，如穆罕麦提·伊明·索皮扎代、托合路勒·热依木、阿布都秀库尔·亚勒昆等，他们后来几乎都受到反动军阀盛世才的迫害，以手抄本形式流传的作品也被查禁销毁殆尽。上世纪40年代，又孕育出优秀诗人波拉勒·艾则兹，他1936年开始创作活动，直接接受了在新疆进行革命活动的中国共产党人的思想影响，在短暂的一生中，留下了许多充满爱国主义激情和时代精神的诗篇，如《团结一致》《美丽的新疆》《祖国的美妙》《致我的花儿》等等。中华人民共和国成立后，乌孜别克族文学的发展又进入了一个新的时期。

古丽》《西琳与希凯》《昆都兹和优勒都兹》《郭尔·欧克利》等等。这些作品多是来自民间口头创作，经整理加工成为书面文学，又回到民间被群众广泛传诵。如《郭尔·欧克利》，不仅在乌孜别克人民中，在土库曼、阿塞拜疆以及其他民族中也有流传。它通过英雄郭尔·欧克利反对侵略、保卫祖国的英勇斗争，反映了乌孜别克人民热爱祖国、仇恨敌人的感情，歌颂了真诚的友谊和崇高的理想。作品塑造了郭尔·欧克利、艾山、艾外兹、尤努斯帕利、古勒切赫莱、茜比勒伊力等英雄的群像。

乌孜别克族的书面文学有悠久的历史传统。由于历史、地理、经济、文化生活、社会习俗、哲学宗教、语言文字等诸方面的原因，乌孜别克与同属突厥语族的维吾尔等族，在作家文学，特别是古典文学方面，存在着互相交织，互相渗透、影响，密切难分的情况。古典诗人阿塔依、萨卡克、鲁提菲等的优秀诗篇在乌孜别克14世纪15世纪的文坛上就产生过巨大的影响。到15世纪末16世纪初，

达斡尔族

摄影：沈 桥

一、达斡尔族的由来

摄影：沈 桥

"达斡尔"是达斡尔族自称，由于音译不同，曾有过"达胡尔"、"达呼尔"、"达古尔"等不同的写法。"达斡尔"之名最早见于元末明初。新疆的达斡尔族和锡伯族一样都来自于遥远的白山黑水，1763年，清朝抽掉了1018名达斡尔、鄂温克官兵驻防伊犁，从此定居新疆。

二、达斡尔族的礼仪

达斡尔族尊老敬贤、扶贫爱幼、热情好客、礼貌待人、讲究信义、慷慨豪爽、谦恭互谅，非常的注重品德的修养。

日常生活中老人是核心，敬老是达斡尔族礼节的核心。日常生活中以年长者为尊，向他们请安、敬烟、让座、让路。过去一般人们相见，都要行请安礼，姿势因本人的性别和对方身份的不同而有所区别，向老人请安施重礼。儿女别父母7日、儿媳别3日、村中年青人别长者15日，晚辈都要向老人、长者行屈膝请安礼（萨因哈索贝，同满族人的请安），前迈左腿，双手掌放膝盖上，曲右腿，目视对方，向前弯腰。办理家庭大事，先要征求老人的意见。家庭、邻里或村中发生纠纷，老人们出面调解，双方肯于服从。吃饭要给老人先盛，

有条件尽量让老人吃、穿、住可心舒适。坐车要由年轻人赶车。酒席上，要按辈分年龄排座次，按序斟酒，父子不同席。

春节和参加婚丧大典，要向老人行磕头礼。老人行将出门远行，儿女就细心地准备好各种所需物品，套好车或备好马。回来时，出门相迎、请安，让进屋，坐定，儿媳给敬烟、敬茶（或水）。家中来客，对长者、老人都要请安、装烟、敬茶。年轻人外出串门，见到老者无论相识与否都要请安。路遇老人要让路，老者与长辈谈话，年轻人不得随便插言。送来访客人，要让长者先走，女主人送到户外，男主人送至庭院大门外。

透明真诚的礼节 达斡尔族素以热情好客著称。每当宾朋光临，让

摄影：宋士敬

座西炕，敬烟、献茶，问寒问暖，然后酒饭款待。客人告辞，主人常赠送自产的烟叶和土特产品，以表心意。逢年过节，杀猪宰牛，竞相邀集亲友村邻，欢聚一番。达斡尔族中流行这样一句话："世上谁见过背着自家房子出门的人呢？"所以对于求食、投宿者，不论相识与否，一律热情接待。上述竭诚好客之风，至今依然如故。

在达斡尔族礼仪中，装烟礼占有重要地位。他们户户善于种植烟草，普遍嗜烟。装烟礼分单向礼和双向礼。为长辈敬烟一般为单向礼，而同辈相互请安、装烟为双向礼。客人到家，虽以酒、奶茶招待，还要行烟礼。即便客人口中叼着烟袋，也要请他换成自家的烟，临行前还要送客人一把烟，以示敬重。

和谐的邻里家庭关系同辈人相见，给年长者请安、互敬酒，问候老幼是否平安、家境如何等。男女老幼登堂入室，讲究老人和妇女先行。兄弟妯娌、邻里之间保持相安和睦，谦恭互让，热忱相助。参加各种集会、典礼，要衣冠整洁，举止文明。遇亲友、邻里办红白事，要送礼物。谁家遇有意外灾祸和困难，要问候、安慰、赞助。对无近亲的孤寡、病残者予以关照。

三、节日

"阿聂节"

"阿聂节" 也就是春节，是达斡尔族最大的节日。初一凌晨，早早起床，女人们准备饭食，而男人们忙于烧香拜天拜神。吃过迎春饺子，男人们便纷纷离家，成群结伙地到村里及外村去向长辈拜年请安，然后男女老少，逐户互拜。客人一进门，先去揭主人家的锅盖，抢吃家家都备有的蒸糕，夸奖谁家的糕最甜，就是赞美谁家最善良。一般拜年到初五为止。节日前，妇女们要赠礼品，把最好的烟叶、奶皮、糕点、冻肉等分包包装好，送给老人、亲友。姑娘们要把自己绣的荷包悄悄地在舞会上赠给意中人。在"阿聂节"期间妇女们聚在一起跳舞，姑娘们玩纸人或掷拐。男子举行赛马活动或进行曲棍球比赛。从初一至初五，有些地方是整个正月里，妇女不得动针线，免得一年受累。节期不许哭闹及大声呵斥，否则不吉利。

"沃其贝"

"沃其贝"源于萨满教的古老的祭祀活动，全称为"敖包沃其贝"，意思是敖包祭，现今也解释为"西迁节"，纪念祖先西迁戍边的壮举，也是当时在艰辛的征战之后清点幸存族众的活动。

新疆达斡尔族的沃其贝原先每年春秋各举办一次，后来由官方确定每年的6月8日在阿西尔达斡尔民族乡举办一次，地点选在地势开阔、草木茂盛的野外。

大家从四面八方聚集到沃其贝地点，每人要把一块石头堆到一棵小树的周围。这个仪式源自于过去清点族众人数，堆起的石块形成一个敖包。大家到山坡下的水渠旁宰杀祭祀的牛羊，让牲血流入水渠再流入农田，以祈求五谷丰登。将牛头、羊头摆到敖包下的石台上作为牺牲。

祭典开始，大家聚在敖包前，巴克其（长老）将第一杯酒洒向空中祭天，将第二杯酒洒向东方祭祖先，第三杯酒洒到敖包上祭亲人，每祭洒一次酒，大家便叩头三次，高呼"保佑保佑！"

巴克其领着大家围绕敖包转三圈，一边转一边敬酒，并把用五谷、碎肉煮成的粥"莫思根"撒向敖包。萨满敲起萨满鼓，用萨满歌舞作法。

祭典第二项是族众大会，各部落上报亡故者人数，对作战英勇、为人善良的人进行表扬；各村村长向大家安排当年农事、公布纠纷调解办法或调解结果；巴克其组织大家为孤寡病残者捐钱捐物。

庆祝活动开始，大家一扫凝重的气氛，自愿结合组成若干个圈子，围坐在草地上，男人们拿出家里带来的好酒，女人们拿出亲手制作的美味小吃，大家尽情地吃喝谈笑。

年轻人们玩起了叼羊、赛马、摔跤。具有尚武传统的新疆达斡尔族，虽然人口仅有5200多人，但他们的摔跤手却屡屡在市、州、自治区的比赛中夺冠。

唱歌跳舞是大家都热衷的活动。为歌舞伴奏的乐器有曼德灵、手风琴和吹管乐器木库连，著名的民间乐曲有《那奇亚内那阔》和《玫瑰曲》。常跳的舞蹈叫做"毕力杜尔舞"，"汉摆舞"是一种夸张诙谐的舞蹈，"斡仁特舞"是一种模仿山羊斗角的舞蹈，总会逗得大家捧腹大笑。

布通节

布通节俗称"年三十"。这一天，家家户户清扫庭院，张贴年画及对联，挂灯笼，供天神、娘娘神和灶神等。准备敬赠亲朋长者的礼物，并在大门口正前方垒起一大堆干牛粪以备晚饭前点燃烟火。傍晚，燃起牛粪堆，并往火堆上扔肉食、白馍、饺子等，敬献火神，祝福人畜安康，五谷丰登。达斡尔人认为焰火越旺盛，日子越红火，所以都尽量把自家的牛粪堆得高大些。晚饭时讲究吃牛羊肉和牛羊头蹄。家里每间房内都要点灯，每个神位前都要燃香烛。除夕之夜有祭祖的传统，不设牌位。在房屋西侧掬土插香，焚烧金银箔纸，供放祭献给祖先的酒、奶皮、点心等，面西叩拜，以示缅怀祖先以进孝道。祭祖之后，每家都要包饺子冻储，便于正月随时煮食，也表示来年富富有余。入夜，人人"守岁"，预示来年精神饱满。

黑灰节

正月十六这一天，一大早起来，少女们将双手擦上锅底黑灰，彼此往脸上涂抹。这种习俗，一是象征着吉祥和丰收；二是认为这一天是鬼节，避免让鬼看见少女的真面目；三是过了十六，年已过完，人们开始劳动。如不早起，被人堵在被窝里涂上黑灰，以此来惩罚其懒惰。

千灯节

农历十月二十五日是喇嘛教黄教创始人宗喀巴逝世的日子，因此信仰黄教的达斡尔族在这一天纷纷制作各式各样的灯盏，带到喇嘛寺庙去点燃，达斡尔族认为点得越多越吉利。

摄影：刘　振

太阳的风车

115

四、婚 姻

缔结婚姻要经过订婚、过礼、迎娶三个程序。

"察恩特"

礼物必须由新婚亲自送到。礼物一般有配缰马一匹，表示牵联姻缘；乳牛1头，表示补偿母亲哺育女儿的乳汁；猪2口，其中1口为退毛猪；白酒数斤，糕点若干；另有"瓦特"（用奶干、野果干磨制面成）、"乌如木"（奶皮子）等，当然礼物厚薄因家境贫富而异。女方设宴招待族人，新婚依次拜见岳父、岳母、长辈，一一磕头敬酒认亲。女婿返回时，岳父母赠马匹。

"托 列"

约在婚前一两个月。女婿给未婚妻送来布匹、衣物、被褥、首饰等，并商定迎娶日期。送礼的车到女方家不能马上进家门，因为早在女婿到来之前，岳家已关闭大门，由一位长者守在门外。两次过礼，男女自应量力而行，礼品厚、薄并无碍婚姻大局。长者向过礼的人提很多问题，对方须很好地答复，直到长者满意为止。进屋后，男方依次向女方家人一一叩拜，逐一敬酒。

假如女方家认为这门亲事值得考虑，女方的父母就要对未来的女婿进行一番必要的"考察"。此后，未来的新郎官要跟随父母到女方家去两次，接受未来的岳父岳母的考核，如同过去应考的秀才。第一次去，女方家主要进行"面试"。在女方家门口迎接他们的是一位长者，其实就是一位大"主考官"，他负责端详年轻人的智能、教养和人品如何。当比较满意时，才允许客人进屋并待为上宾，这说明这门亲事已有了八九分成功的把握了。男方第二次去女方家时，则是在友好和谐的气氛中商议完婚的日期和有关事宜。

"端 盅"

在举行婚礼的前几天，男方要带上酒和肉去女方家认亲，这种仪式叫"端盅"。在这仪式中，男女双方在媒人的陪同下向女方的双亲和家庭成员一一敬酒、行拜礼，熟悉彼此间的血缘关系和称谓。

结婚前日，新郎盛装驰马亲往迎亲，随同本家族若干人。当晚女方父母备"拉里"（黏性稠粥），请一位儿女双全的妇女督促同席的一对新人，使用一个碗一双筷互相进食，此意在祝愿夫妻婚后感情如胶似漆，生活同甘共苦。朋友们纷纷到姑娘家祝贺，跳"罕伯舞"，唱"赞达仁"，通宵达旦。

次日凌晨，女方组织送亲队伍浩荡出发，要推选一名有威望的人担任总领队，女方"华达"（男亲家）、"霍都古"（女亲家）各数人前往。清晨，装上姑娘的嫁妆，给新娘蒙上纱巾，一路上拉着四弦琴，唱着"赞达仁"。在路旁或村庄遇到水井要用布将其蒙好，如遇到大树、庙宇都要给披挂红布条，象征新婚夫妻一生中没有坎坷。一路上歌声、笑声、呼叫声不绝，走一路把喜庆的欢歌笑语撒一路，高唱《送亲歌》，赞美新娘找到了好婆家，嫁给了好儿郎，祝愿他们幸福美满，白头偕老。

这一天，新郎家一大早就开始忙碌起来，准备酒宴。新郎穿戴一新，喜形于色，等待送亲队伍的到来。新郎家早已派出两名素谙礼俗、办事干练的小伙子，端着双杯酒迎候于村头。

"接风酒"、"进门酒"

喜车一到，他们就迎上敬酒，为新婚夫妻祝福，随即一同进村。喜车来到新郎家门口时，地上早已铺好了地毯。新娘在伴娘的搀扶下，蒙着红色的头巾，踏着地毯缓缓迈进新家的门。进屋后，新郎亲手掀掉新娘的红盖头，让新娘"亮相"。新娘进西屋上南炕面窗盘坐，妯娌姑嫂们为其揭下红盖头，梳理头发。男方陪宾者引导来宾进屋入座，女宾坐南炕，男宾坐西炕，装烟献茶问候寒暄，然后排宴劝酒，并宴请本村亲友，叫迎亲宴。这时，人们向这一对新人身上纷纷抛撒五谷杂粮，祝愿他们婚后的生活甜蜜幸福，多子多孙，人丁兴旺。然后，新娘步入洞房，由新郎的嫂子给新娘梳头，表示新娘已被正式接纳为新郎家族里的一员。与此同时，来宾纷纷入席，频频举杯，畅饮喜酒，祝贺这对青年的结合。

出门酒

次日早晨，男方给送亲人吃肉汤饺子，以解酒。中午大摆婚宴，宴上先上酒，后上饭菜。婚宴之上，宾主欢饮，气氛热烈祥和，但座席位次、辈分必须安排合理，否则将引起不快之事。双方有善辞令者，颂吉祥、祝福之词，或以妙语隐语竞智，相讽取乐而无恶意。村中亲友、邻里们亦在各处开怀畅饮，尽欢而散。酒宴结束，送亲来宾饮茶，稍事休息后，即上归途。男方父母敬"出门酒"，新娘送家人于大门外，新郎则骑马送至村外。男方送女方父母猪一口或酒肉。按照习惯，女方家送亲者要在新郎家"偷"个碗、碟、酒盅之类，带回新娘家。

达斡尔族人不轻易离婚，认为离婚是件不体面的事。

摄影：麦粒

五、服 饰

早先，男子的服装以狍皮为主，只有夏装和内衣为布料。他们的狍皮服装分为冬装和春秋装两种。用于晚秋、冬季、初春的狍皮制作的皮袍称为"德力"，绒毛厚、防寒能力强、轻便保暖，为便于骑马，皮袍的前后摆开衩；用于晚春、夏季和初秋季节的狍皮制作的皮袍称为"哈日米"，因为长绒已脱落，毛薄，宜于春秋穿用，是猎人和入山伐木者理想的外衣。达斡尔人称之"其卡米"的皮靴，是用狍子的下腿皮毛朝外拼缝成靴腰，狍脖皮为底。人们脚穿毡袜，再套"其卡米"，保暖轻便，适于林海雪原中行走，是猎人必备的防寒靴。达斡尔人还穿用狼、狗、羊、狍子皮做的皮裤，外套皮制或布制的套裤，叫"苏毕"，有耐磨、防刮的作用。

达斡尔人戴用狐、猞猁、水獭、貂、狼、狗皮做的帽子。达斡尔人还戴狍子头皮帽，叫"米阿特·玛格勒"，用有眼、鼻、耳的狍子头皮朝外做帽面，狍耳向上挺立，眼孔内嵌黑亮之物，用狐狸、猞猁、狼等皮毛做帽耳，不仅耐寒，还有伪装（打猎时）、装饰作用。儿童戴此帽尤为活泼可爱。也有用狼、狐头皮做这样兽头形帽的。

达斡尔人冬季穿用狍腿皮做靴面靴腰，用牛脊皮做靴底的皮靴，叫"奇卡米"。靴面毛朝外，按毛纹、色泽合理搭配后用鹿或狍筋缝合，穿时内絮东北特产"靰鞡草"，保温、吸汗、防潮。穿这种皮靴轻便、美观，不沾水、防滑，行于雪地，轻捷无声。

达斡尔人的手套叫"搏力"，也多用狍皮制作。大体有三种。大拇指单缝1个套，其余4指为1个套的两叉手套叫"哈奇博力"；分同上两叉，但在手腕处有开口，便于伸出手指的手套叫"额莫替博力"；分5个手指的手套叫"霍若博力"。手套的腕口、手背、关节等处均缝、绣花纹图案。

摄影：刘 振

118

六、体 育

达斡尔族的民间体育活动丰富多彩，有曲棍球、赛马、赛劲力、板棍、寻棒、猎棋等。

曲棍球：是达斡尔族具有悠久历史的传统体育项目，其历史可追溯到辽代。达斡尔族语称为"贝阔"或"博依阔"。其球棍下端弯曲，柄长越三尺，多用弯头的细柞木做成。球分木球、毡球、火球三种。所谓火球是用桦树上长的硬化白菌疙瘩，穿通若干小孔，填入松明将其点燃，或者用毡球浸沾易燃物。火球多为夜间使用，而木球多为成人使用，毡球一般为儿童所用。达斡尔族的曲棍球运动最初是在春秋两季，特别在正月初一至十五玩得最多。具体打法是，分甲方乙方，每方至少五人，多则十余人，多为年轻人，也有八九岁的儿童和四五十岁的中年人参加。原始的打法无射门一说，双方之间设一界线，打过界线就算胜利。现在的正规玩法是场地两端各设一球门，每队设一守门员。从中界开球，以球入对方门为胜。在早期，没有裁判，但自然形成了一套球场规则。如，在比赛中球棍一律从右侧击球，不得从左侧出击，以防伤击别人；除守门员外，其他人一律不得用手抓球或用脚踢球；不准用球棍打人、绊人等。

赛马：每当春节或祭敖包会等重大节日都要举行赛马。一般分为赛速和赛力两种。赛速跑程短，一般在两、三公里，而赛力则在二十公里左右。赛马比赛是达斡尔族人炫耀自己的马和骑术的最好机会。

赛劲力：参赛双方脚心对脚心，伸直腿端坐在地上，将结好的宽布套在两人脖子上，双方按住各自的大腿，用力向后仰，直到将对方臀部拽离地面、斜倒或分腿就算胜利。

鹿棋：棋具除了棋盘外，棋子中有鹿两只，一般用拐来代替，有士二十四个，通常用小木片或铜钱来代替。两人对弈时，一方执鹿两只，对方执士。士堵挡鹿，鹿吃士。以被堵死或吃光为败。达斡尔族的鹿棋从棋名还是棋法和棋盘上的大小两座山都充分反映了达斡尔族早期的围猎生产，说明鹿棋的产生时间很早。

围棋：达斡尔族的围棋有两种下法，一种叫做"哲日格·那德贝"，双方各执十八个棋子，凡走四个子成方，可吃掉对方一个子。六个子成方，可吃掉对方三个子。如此，直到一方剩子无几，无力再吃对方子为败。另一种叫做"班德·那德贝"，双方各自执十二子，以三子连成一线，可吃掉对方一子，直到将对方吃光为止。

摄影：刘　振

七、禁忌

女子结婚年龄不在偶数结婚，都是奇数年龄时婚配。男方求婚多次才行，不能一两次就答应。所以媒人都以多次去女方家为乐事，不怕跑断腿。迎亲喜车要在落日前赶到，不要耽误了时间。若是万一落日后到，赶紧在大门西侧挂一面镜，以代太阳，否则就意味着婚后不顺。

孕妇肚子再饿，也不可以往灶里看，不许铺熊皮，以免流产；男人不能进产房，据说男人易踩孩子。若男人无意进了产房，走后孩子有病，如鼻塞等，会认为被入产房男子所踩，必须找到他，将他的脚趾甲剪下几片，拿到产妇家和艾蒿一起烧掉，等冒烟时，将孩子抱于烟上悠几下，吐几口唾沫，说："唾唾，邪气快跑掉！"

除夕天黑前必须将门窗糊好；这天不许从门外向里叫人，不能照镜，否则群魔缠身，被魔鬼摄去心神；大年初一自动起床，忌被人叫醒，否则会懒惰一年；初一至初五不得打扫室内，否则会扫走福气，再勤快也得记住日子。

摄影：刘　振

塔塔尔族

摄影：武纯展

一、历史源流

　　塔塔尔族是我国的少数民族之一，分布在我国的新疆维吾尔自治区，且大多散居，主要分布在新疆维吾尔自治区的阿勒泰、昌吉、伊犁、乌鲁木齐及塔城等地。

　　塔塔尔族具有悠久的历史，其名称最初见于《阙特勤碑》突厥碑文中，唐代文献称"达旦"，之后文献里出现的"达达"、"鞑靼"、"达怛"，都是"塔塔尔"的不同音译。主要是由古代保加尔人、钦察人和突厥化了的蒙古人长期融合发展而形成的。"塔塔尔"史称"鞑靼"，系白狄鲜于氏后裔，是由蒙古人、保加尔人、奇卜察克人相互融合形成的一个民族。15世纪居住在伏尔加河与卡马河流域。1830年第一批塔塔尔人从西伯利亚迁来我国新疆阿勒泰地区，20世纪初从阿勒泰迁来奇台县和吉木萨尔县交界的白杨河两岸现址。

二、塔塔尔族的婚俗

把新郎"嫁"出去，然后再"娶"回来 塔塔尔族的婚俗别具一格，即先把新郎"嫁"出去，然后再"娶"回来，非常有趣。

婚礼按教规在女方举行，通常新郎要在岳父家住一段时间，有的要到第一个孩子出世后才回自己家。婚姻过程是：经媒人三番五次登门求亲，女方家长若允诺，男方再向女方下聘礼，称为"库拉克绥云切"，即给新娘从头到脚的整套服装。下过聘礼，即算订婚。按塔塔尔人的传统习惯，婚礼在新娘家举行，即先把新郎"嫁"出去。结婚前几天，男方要把为新娘制作的全部服装、炊具、陈设和婚礼时食用的物品及自己的"嫁妆"送到女方，其中包括给新娘父母的礼物（称"克以特"）。等到新婚之夜，新郎就正式"嫁"过去了。

"出嫁"的仪式也颇为有趣。这天，新郎在伴郎及亲朋好友的陪同下，坐上马车，青年人拉手风琴，兴致勃勃地唱起塔塔尔流行歌曲《几尔》，一路上歌声、琴声、口哨声、呐喊助兴声连天，浩浩荡荡地前往女家成亲。当夕阳西下，新郎和伴郎们一行人等来到新娘家。这时先要绕着院落转一圈，然后才到门前。而此刻女家大门都紧闭着，新郎要献礼物才能进去。以后，新郎进房门，到床边，吃饭，都要送喜钱。

结婚仪式按伊斯兰教教规进行，先由阿訇诵经，并询问新婚夫妇是否愿意，待男女双方回答"愿意"之后，再由阿訇将一杯糖水（或蜜水）送给新郎和新娘共饮，象征甜甜蜜蜜白头到老，礼毕入洞房。第二天早上新郎要拜见岳父母，回家举行宴会，并举办各种文娱活动，晚上再回到岳父家。

塔塔尔族对待女婿如同对待亲生儿女一样热情。在女方家居住期间，岳父、岳母要拿出上好的食品款待女婿，使女婿感到生活在女家就如同生活在自己家里一样温暖。当新婚夫妇回男方家时，新娘的嫁妆要全部带走。快到男家时，男方亲友要用绳子拦住新娘的去路，新娘要献糖果等物，方可放行。新娘回到夫家，男方亲友向新娘身上撒糖果，并举行宴会，尽情娱乐，以示欢迎。婚礼接近尾声，人们唱起了婚礼歌，欢送光临的客人：不辞辛劳的远方来客/为婚礼增添了欢乐/祝你们返回时一路平安/愿我们在别处的婚礼上重逢相见/婚礼庆典这样解散/是因为天色已经很晚/回不了家的客人们/请在我们的洞房里安眠。

摄影：武纯展

三、能歌善舞

塔塔尔族人民能歌善舞，在新疆，不管哪一个兄弟民族，只要举行庆典和婚礼，都少不了演奏塔塔尔族乐曲，唱塔塔尔族民歌，跳塔塔尔族舞蹈。

塔塔尔族民歌种类繁多，大多是抒发内心丰富感情的，不少是表达男女青年爱情的。其特点是抒情细腻形象，善于比喻，使人听后如闻其声，如见其人，有一种强烈的美感。有些塔塔尔族民歌早已成了新疆地区的流行歌曲。

塔塔尔族的音乐节奏鲜明，活泼动听，具有独特的民族风格。亦颇有中亚细亚音乐的特点。他们的民族乐器比较多，像古老的二孔"库涅"（直吹的木箫），铜片制的"科比斯"（放在嘴唇之间吹的口琴），现在普遍使用的乐器有手风琴、曼陀林、七弦琴、小提琴等。

塔塔尔族的舞蹈按照传统习惯，舞蹈中的男主角都由女子扮演。其舞蹈特点是动作灵活，活泼多变。男子多腿部动作，女子多手部和腰部动作。舞曲一般都节奏鲜明，轻松愉快。音乐旋律和舞蹈形象都十分优美动人。

塔塔尔族舞蹈具有广泛的群众性，在节日喜庆时人们还举行舞蹈比赛，特别是每年春天举行的盛会——"撒班节"，即犁头节，他们总要选择一个风景如画的地方，尽情地欢歌起舞，如痴如醉。

摄影：武纯展

四、生活方式

塔塔尔族完全遵行本民族的传统生活方式，而这种生活方式用他们自己的话来说，有点欧洲风味。的确，塔塔尔族与当地维吾尔族、哈萨克族以及其民族在住房、室内陈设以及生活方式等方面，具有明显的文化差异。这与该民族源自欧洲，又比较集中地居住在城市，不无关系。

在房舍布局和室内陈设方面，塔塔尔人一般住平顶房，独门独院。庭院内种植着各种果树和花草，环境清幽，像一座小花园。房子的墙都比较厚，以便安装火墙或铁皮壁炉，供冬季取暖之需。除住房之外，另有客房、厨房和储藏室等。父母与子女另居。住房比较宽敞、明亮，并设有客厅。墙壁粉刷着素雅的颜色，挂有壁毯，地上亦铺地毯。室内摆设着各种欧式家具，显得古雅而豪华。

五、饮 食

"古拜底埃"

是塔塔尔人富有本民族风味的食品。"古拜底埃"是用大米洗净后晒干，上覆奶油、杏干、葡萄干放在火炉中烤制而成的一种饼，其味香甜可口；塔塔尔族有一首民歌唱道：

"古拜底埃嗡嗡响，

哈巴克白里西（南瓜烤饼）哈哈笑，

烤炉内的斋比白里西（烤包子）

熟后待吃嘣嘣跳。"

"伊特白里西"

做法与"古拜底埃"相同，材料以南瓜为主，再加上大米和肉，烤制成饼子，是塔塔尔族独有的美味食品。

"克尔西玛"和"克赛勒"

塔塔尔人除饮用茶外，还有"克尔西玛"和"克赛勒"，前者类似啤酒，是用蜂蜜和啤酒花发酵制成的；后者是用一种野葡萄制成的酒。都是塔塔尔族喜用的饮料。

随身带勺赴宴

塔塔尔人还善于制作各种欧式糕点，品种繁多，既好看又好吃。与众不同的是，塔塔尔人吃饭时既不用手抓，也不使筷子，而是用勺子。塔塔尔人去参加维吾尔族或哈萨克族的宴请时都随身带一把小钢勺。

六、服 饰

塔塔尔族的服装很别致。男子喜穿绣花白衬衣,外加黑色齐腰短背心或黑色对襟长衫,裤子也是黑色的。小帽有黑、白两色绣花。女子以戴镶有珠子的小花帽为美,外面再罩上一块大纱巾,喜穿白、黄或紫红色连衫带绉边的长裙,以耳环、手镯和红珠项链为装饰。

男子在冬季喜戴黑色卷毛皮帽,夏季喜戴绣花小帽,穿白衬衣,外加黑色齐腰短背心或黑色长衫,裤子一般为黑色。典型的男性城市居民上穿宽袖直领,对襟开胸的白衬衫,外加黑色齐腰的短背心,或者是黑长衫,腰扎皮带。裤子一般也是黑色,宽裆紧腿。脚上穿的是皮鞋或者是长筒皮靴。

女性城市居民喜欢穿宽大的连衫带皱边的长裙子,颜色多为白、黄、酱色,上装的袖口都很小。脚上穿的是皮鞋或花皮靴。喜欢戴镶有珍珠的小花帽,有的还要加上一块大头巾。通常的装饰品有耳环、手镯、戒指、项链、领口上的胸针等。乡村女性居民一般都喜欢扎头巾,戴小帽的很少。身上穿的也是连衫长裙,但往往要在胸口上加一块围巾。塔塔尔族妇女擅长刺绣。塔塔尔族的服饰干净、整洁、艳丽,表现了一种简洁美。塔塔尔族是新疆人口较少的民族,大都居住在天山北麓伊犁、塔城和新疆乌鲁木齐一带。虽然这个民族口不多,但服装很有特点,非常别致。

七、礼 仪

名字有说法

塔塔尔语属阿尔泰语系突厥语族克普恰克语支，有以阿拉伯字母为基础的文字。塔塔尔族的语言受哈萨克、维吾尔、乌孜别克等民族语言的影响，因而，这几个民族的语言、文字也逐渐成为塔塔尔族的日常用语和通用文字。塔塔尔族人的姓名称呼别具一格，一个人的名字后面，要加上父亲或祖父的名字，然后再加上自己部落的名字，构成一个完整的人名。

讲究礼仪

亲友相见要握手问候，妇女见面多握双手；尊老爱幼，热情好客，乐于助人。对长者非常尊重，走路、谈话、吃饭均先让长者。

见面以握手问好，妇女多握双手。塔塔尔族人热情好客，对远道而来的投宿客人，总是热情款待，并乐于助人。

吃晚饭要做祈祷

塔塔尔族在进餐时，每个人面前都放一块小手巾，用以擦拭嘴、手并防止食物溅在衣服上。全家人围坐一圈，中间餐桌上放一块餐布，吃饭时习惯用勺子、刀子、叉子。上茶、上饭，要先送给长者，然后再按年龄大小先后递送。饭毕要做"巴塔"（祈祷）才算就餐结束。

塔塔尔族的主要节日是肉孜节和古尔邦节。

"撒班"节

"撒班"节（也称犁头节、犁铧节）是塔塔尔族特有的传统节日。塔塔尔族是农业民族，"撒班"，柯尔克孜语，意即"庆祝春耕"。"撒班节"（犁头节）是一年一度的盛会，有歌舞、拔河、赛马、摔跤等群众性活动，多在春天风景优美的地方举行。最受欢迎的是"赛跳跑"。每个参加者将一个鸡蛋放在匙中衔于口内，鸡蛋不能落地，最先跑到者胜。每年6月20日到25日在农忙间歇举行，在这几天里，塔塔尔族人民载歌载舞，举行各种体育比赛，欢庆节日。这种庆祝活动塔塔尔语称"乌买克"即"团会"。乡民全数参加，庆祝地点在田头或野地，由有威望的长者主持，主要活动有摔跤、攀竿、唱歌、跳舞、赛跑、拔河、赛马等，优胜者将得到妇女们亲手纺织的手帕、围巾、刺绣衬衫等奖品。

对唱是节庆的主要内容，成年人唱希望丰收；青年人歌唱友谊与爱情；少年围着人群唱："雨呀，雨呀，快快下，我们不要饥饿，永远不要见那像狮子般的瘟疫。"人们在对唱时，还唱教训懒汉的歌："不要流浪快回家，快把酒瓶变骏马，快把酒瓶变犁铧，老老实实种庄稼。"

为歌舞伴奏的是称做"巴扬"的俄式手风琴和称做"多乎鲁卡"的袖珍手风琴。塔塔尔族受俄罗斯文化影响较深，妇女的服饰有浓郁的俄罗斯风味。他们在节日里跳的"阿多尼西卡"和"巴拉木西卡"舞，实际上是俄罗斯踢踏舞的翻版，又是中国本土踢踏舞的代表作品。跳舞时的伴唱称作"结尔拉"，旋律轻快

摄影：武纯展

欢乐，现在已经成为新疆各民族在婚礼上经常使用的歌舞曲。

摇篮礼和40份水礼

摇篮礼和40份水礼是两个古老而又特色浓郁的重要礼仪。

塔塔尔族把婴儿降生视为家庭以及亲朋邻里中的一件特大喜事。按照传统习惯，除了大家都要前来送礼祝贺外，还要举行一系列礼仪活动。比如，孩子出生后的第三后，要举行命名礼，传统的方法是由宗教神职人员帮助从伊斯兰教经典中取一经名作为本名，待成年后，在自己本名后加上父亲的名字，后面再缀以自己所在的部落或出生地的名字，以构成个人的名字。孩子出生后第七天要举行婴儿摇篮礼，它是由外祖父将事先做好的一个婴儿摇篮，以及衣物、玩具等一并送给襁褓中的外孙或外孙女，以表示母亲家族对孩子成长的关怀之情。第四十天要举行40份水礼。这一天，孩子的父母、家人全体出动，先后要从40个不同地方（包括邻居、亲友家）取回干净的清水汇积在浴盆里给孩子洗澡，同时，要以丰盛的抓饭和清炖羊肉热情招待前来祝贺的宾客。塔塔尔族认为，孩子沐浴了四方之水，以后就能够具备适应各种环境的能力，就会健康地成长。摇篮礼与40份水礼充分体现了塔塔尔民族对新生婴儿的无限呵护与关怀。

八、禁 忌

　　每年要"封斋"一个月，在封斋期间，在太阳出山以后和下山以前不能吃喝。忌讳猪，不吃猪肉。禁食驴、狗、骡肉和自死牲畜以及凶禽猛兽，禁食一切动物的血（包括羊血在内）。禁忌把猪肉带进清真食堂，禁忌在水渠、水池、水井、涝坝附近洗衣服，禁忌在涝坝内洗澡、游泳。一起住宿时，忌在室内大小便。与人交谈和吃饭时，最忌讳擤鼻涕、吐痰、打哈欠和放屁。忌与妇女开玩笑和动手动脚。在有群众的地方，忌光着上身，更忌穿背心、短裤到塔塔尔人家里去。不准在住房附近、水源旁边、清真寺、墓地周围大小便、吐痰或倒脏水。

俄罗斯族

一、俄罗斯族的由来

　　18世纪末期，一些俄罗斯族人从俄国进入塔城经商定居。19世纪末至俄国"十月革命"期间，又有一部分俄罗斯人迁居塔城县、额敏县、乌苏县境。20世纪30年代，一批东北籍华侨携带部分俄罗斯眷属入境，加入中国国籍。新中国成立后，上世纪50年代中期，大部分俄罗斯族人返回前苏联。塔城地区俄罗斯人大部分聚居在塔城市，主要从事教育、卫生及各种修理业、运输业的手工业。

二、俄罗斯族的人生礼仪

喊人直呼其名没人怪

俄罗斯族的人名，由本名、父名和姓三部分组成。女人结婚后，一般随夫姓，也有男的随女姓或双方都不变姓的。通常以名字或小名称呼未成年人。对成年人通常称本名和父名，对平辈或晚辈，可直呼其名；朋友间在非正式场合下，亦可直呼其名，不用担心没喊官职让人不高兴。遇见长辈、上级或妇女时，不宜先伸手，等对方主动伸手时再与之握手，分别时要说"再见"。社交中，接吻礼节也比较盛行。

俄罗斯族性情开朗，说话幽默，讲究礼节。见面时要说"您好"或"你好"。节日前夕见面时要说"预祝节日愉快"。如遇重大节日，有的还有相互写信或互致贺电的习惯。

此外，见面时要行鞠躬礼或握手。握手时如戴着手套要先脱去手套，俄罗斯人忌送黄颜色礼品，认为黄色表示不忠诚，蓝色代表友谊。

俄罗斯族结婚很少离婚，因为他们崇信东正教，在这个上面有自己的文化心理，这也说明对婚姻的严肃和慎重。

婚礼离不开教堂婚礼

婚礼的仪式非常隆重，由于俄罗斯族大多数信奉东正教，有条件的地方婚礼必须在教堂举行。新郎在结婚这天，要赶上马车或步行去迎亲。新娘临行前要跪在一件铺在地上的皮袄上（这象征婚后生活兴旺），接受父母的祝福。接亲的人来后，新娘家要招待一些糖果和食品。大家围坐在桌旁，一边就餐一边唱起欢乐的婚礼歌。

离开新娘家后，人们就拉着手风琴，簇拥着新郎新娘去教堂举行婚礼。婚礼时，新郎新娘戴上特制的头冠，新娘手中拿一束花，新郎手中拿一支蜡烛，神父首先问他们愿不愿意和对方结合，如回答是，神父再为他们祷告，然后让双方交换戒指，给他们一人一点蜂蜜，意为祝愿他们的生活甜甜蜜蜜。仪式完毕，新郎新娘要行三次跪拜礼和亲吻三次，最后在大家的祝福中离开教堂。

婚后第三天是回门的日子，娘家要准备酒菜，邀请婆家的人和亲友前来做客。以后，新娘就住在婆家，成为丈夫家庭中的一员，但也有入赘的情况，这主要是俄罗斯族以前的婚俗。现在，俄罗斯族青年摈弃了媒人说媒等旧习俗。由于年轻人多不信教，婚礼也不在教堂举行了，但仍保留着婚俗方面的鲜明特点。

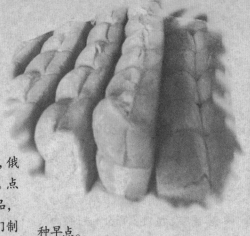

三、饮食

可口的"比切尼"

他们非常擅长做各种糕点，俄语称"比切尼"，味道十分可口。点心是他们早餐中不可缺少的食品，同时也是招待客人的美食。他们制作点心的品种丰富，有饼干、奶油饼干、夹心饼干、奶油蛋糕、小面包、夹心面包等。每逢节日，他们常做一种巨形塔式蛋糕，摆在桌子中央。顶端还用彩色奶油雕塑成各种花纹和图案。

合列布

合列布是一种面包，是俄罗斯族最古老、最尊贵的食物。它的做法不同于一般面包的烤制，制作时先将酵母在温水盆中化开，然后加糖盐各一勺，再加入适量的干面粉搅拌成糊状，放置在较暖和的地方使其发酵，待盆里的面糊成泡沫状时，再加干面粉和成团继续让其发酵。等面再次发酵后，取出来揉成圆形或长圆条，放进烤盘盖上盖布再使之发酵，然后才放入烤炉或烤箱中烤熟，等其冷却后食用。

布拉其尕

布拉其尕也是一种面包，是用面粉、奶油、砂糖和鸡蛋等原料搅拌发酵后烤制而成的，酥软香甜，营养价值很高，是俄罗斯族人常吃的一种早点。

苏甫

苏甫是俄罗斯族特有的一种汤菜的名称，是最普通、最常吃的一道菜，分荤素两种。荤的原料有牛肉、包心菜、土豆、胡萝卜、葱和桂树干叶等。制作方法是：先把牛肉用凉水煮开，边煮边捞去汤面上的血沫，待肉快熟时，再放胡萝卜、西红柿、土豆、包心菜、盐和桂树干叶继续煮。另取一个锅，锅内放入适量的植物油，油熟后倒入切碎的西红柿和洋葱一起翻炒，同时放入适量的食盐、花椒粉等调料。把西红柿炒成糊状后，倒入煮肉的汤锅内，轻轻搅拌几下，这道菜就算是做好了。桂树干叶在汤里起非常重要的作用，使汤有一种特殊的香味。如果没有这种树叶，那菜汤就没有什么特色了。

尕德列得

尕德列得又叫红焖肉饼，是用牛肉或羊肉、土豆、鸡蛋、干面包等原料制作而成，略带酸味，香而不腻，色泽亮丽，深受俄罗斯族人喜欢。

四、住得宽敞明亮

俄罗斯族传统的住宅为砖木结构、宽大明亮的西式平房。一眼望去，心里感觉很舒畅，盖得高大大概和他们的身高有关。而且墙壁很厚，冬暖夏凉。屋顶多有涂有彩色油漆的铁皮覆盖，并向四周伸出，形成廊檐。屋顶有天窗，可调节室内温度。房门多为双扇对开门，窗户宽大，一律向阳。住房分为客厅、居室、厨房等。室内一般铺有地毯，陈设有桌椅、沙发等。他们没有睡炕的习惯，大多都睡铁床或木床。过去，厨房的墙角都有取暖用的大型壁炉，现在已为小巧轻便的铁炉所代替。厨房与其他民族不同，比较宽敞高大，除有蒸煮烹调的锅台外，还砌着一个烘制面包点心和饼干的大烤炉。

住房周围一般都有用土墙围起的大院落，前院种植花果蔬菜，后院架设畜圈，建有库房，挖有地窖。畜圈饲养牛羊，库房存放生活工具和生活用品，地窖保存白酒、啤酒和各种蔬菜。远远看去，就是一个农庄。

摄影：武纯展

摄影：武纯展

五、节 日

圣诞节

俄罗斯人的圣诞节在每年俄历的1月7日举行（因俄历与公历不同），是我国俄罗斯族人的一个盛大的宗教节日，为了庆祝耶稣的诞生，又称耶稣圣诞瞻礼或主隆生节，是基督教重要节日之一。在新疆，居住我国新疆的俄罗斯族信奉东正教，故这一节日遂演变成民族节日。圣诞节虽然来源于宗教，但经过长期的历史演变，已成为俄罗斯民族的传统节日。

节日前夕，俄罗斯族人买圣诞树布置家庭，把松树和柏树精心修整成塔形状，枝干上挂满了彩灯、彩带和玩具礼品，十分漂亮，具有一定

的民族特色。亲朋好友间互赠圣诞礼物，由长者扮演圣诞老人，身背福袋一只，内装各种礼物，于圣诞夜向孩子们祝福和分发礼物。圣诞之夜，家人团聚，按习惯，晚宴必备圣诞鹅。

俄罗斯族善于歌舞，文化生活比较丰富。男女老幼欢歌起舞。著名的俄罗斯踢踏舞就是他们独具风格的舞蹈之一。他们最喜爱的乐器是"巴拉莱卡"（三弦琴）和手风琴。1985年后，每逢圣诞节，由政府有关部门举办联欢晚会，多是男女成对，围成圆圈跳集体舞。家家户户准备丰盛的节日佳肴、饮料和蛋糕，唱歌跳舞，欢度节日。

复活节

俄罗斯族非常重视传统节日，尤其以过复活节最为隆重。复活节是基督教纪念耶稣复活的节日，又称耶稣复活瞻礼、主复活节亦称"帕斯喀"节，是为了纪念耶稣死后复活，没有固定的日期。"帕斯喀"节之前，人们就为之忙碌起来，住房要粉刷一新，圣像龛要精心布置。家庭主妇要烤制各种美味的糕点，其中必不可少的一种呈圆柱型，俄语称"古里契"。在它的上端涂上打成泡沫状的蛋清，然后用颜色较重的糖果或食用色素拼写成"X·B"两个字母，它们是俄文基督复活的缩写字头。

节日期间每个人都要精心打扮，还要将煮熟的鸡蛋染成各种颜色，首先摆放在神龛前。清晨，孩子们便拿上彩蛋到街上或亲戚朋友家找其他孩子碰彩蛋，看谁的坚硬。大人们串门时，也要首先拿起早已在桌上盘中摆放好的彩蛋，相互碰撞。在有教堂时，"帕斯喀节"前要彻夜做"弥撒"。没设教堂的地方，人们要在圣像前点燃小蜡烛，节日的第一个晚上，蜡烛不得熄灭，老人们则守候到天亮。

"帕斯喀"节

"帕斯喀"节要持续七天，期间老人要给孩子礼物，青少年要给老人请安祝福。各家都备有丰盛的菜肴、点心等。他（她）们轮流做东，载歌载舞，开怀畅饮，通宵达旦。一些人搭起"秋千"，有的数对男女一齐上阵，歌声此起彼伏，到处洋溢着喜庆的气氛。

在"帕斯喀"节的第十天，是"拉古切里斯怪·兼"，是悼念已故亲朋好友的日子。届时，人们会带上彩蛋、各式面包、糖果等去墓地，将彩蛋埋在墓前土中，将其他食品摆放在墓前，吃顿便餐。我国新疆维吾尔自治区的俄罗斯族信奉东正教，因而亦成为重要的民族节日。此节日来源于圣经中的故事，据《新约圣经》载，耶稣被钉死于十字架后之第三日"复活"。节前，人们按照宗教传统斋戒49天，每天只吃一顿饱饭，其余两顿只吃半饱，而且不吃荤，只吃素，戒期也不许唱歌跳舞。不过现在除了老人和教徒，我国很多俄罗斯族人已经不再守戒了。节日的头一天（星期六），节日前夕，家家户户洒扫庭院，粉刷屋宇，缝新衣，备佳肴，还要煮许多鸡蛋，并将蛋壳染成各种颜色，准备过节。

节日当天，每家除准备丰富多彩的"比切尼"（糕点）之外，还要准备煮熟的彩蛋将煮熟的鸡蛋涂上红、黄、蓝、咖啡、绿、紫等色彩，每当客人来到，主人就分一个彩蛋，以象征生命的昌盛。清早人们携带准备好的彩蛋和鸡蛋面包到教堂参加庆祝活动，然后互相拜访、祝贺。午夜，在教堂门口等候教士宣布"耶稣复活"的消息。之后共进"圣餐"，即食用由教堂准备的少量面饼和葡萄酒（即"圣体"和"圣血"）。并交换彩蛋。节日当天要素食，人们要以上好的点心、饼干款待来客，亲友间相互登门祝贺。年轻人则举行歌舞等节庆活动，大家欢聚，跳起节奏强烈的俄罗斯踢踏舞，拉起三弦琴和手风琴，饮酒品肴，夜深方休。每年复活节后50天为降灵节，降灵节亦称圣灵降临节，是东正教纪念耶稣门徒领受圣灵的节日。

报喜节

报喜节新疆等地俄罗斯族传统岁时活动，一般在农历三月上旬举行。据《新约圣经》载：圣母玛利亚在这天领受了天使向她宣布上帝的旨意，她将由"圣灵"感孕而生耶稣。节日期间人们要进行各种庆贺活动。三月四日孩子们把烤好的百灵鸟形状的饼干带到田地里，抛向天空，然后再接住，以示迎春。妇女们于三月九日把一块亚麻布铺在村外的地上，摆上一个大圆面包，请春天母亲享用。姑娘们则用纸或布扎成各种小鸟，用绳子拴在折下的树枝上。各人自找山坡、屋顶、柴垛等较高的地方，摇动树枝，唱迎春歌。也有的地方于三月二十五日庆祝报喜节，因为这时春天已来临，候鸟也已返回。在这一天，人们唱迎春歌。

洗礼节

洗礼节是新疆等地俄罗斯族的传统宗教节日，每年公历1月19日举行。据《新约圣经》载：耶稣曾三次显示其神性，第二次受洗礼时，"圣灵"和鸽子降在他头上，显示他为上帝的儿子。东正教注重这次显圣，定于公历一月十九日为此节日。洗礼本是基督教的一种入教仪式。在洗礼节那天人们除去教堂祈祷外，还要到江河里破冰取"圣水"，有的人还要跳进冰窟窿里洗一洗。十八日晚按风俗习惯是占卜时间，尤其是女孩子们要预卜自己的终身大事。

丰收节

丰收节是新疆等地俄罗斯族传统的农祀活动，每年公历十月的第二个星期日举行。收割结束时，人们特意在地里留下最后一束小麦，将它周围的杂草除尽，然后摆上面包、盐和奶酪等供品，表示感谢大地的恩赐，祈求来年获得更大丰收。

谢肉节

谢肉节又称"送冬节"，新疆等地俄罗斯的传统见时节日。时间由原来每年的公历2月底或3月初改定为大斋（东正教的斋戒日期在复活节之前7周开始，无固定日期，一般不得早于每年的3月22日或晚于4月25日）前的一周举行。节期为七天。按照民间习俗，节期每一天都有不同的内容：星期一是迎春日；星期二是娱乐日；星期三是美食日；星期四是醉酒日；星期五是新姑爷回门日；星期六是姑娘相新嫂子日；星期天是送冬日和宽恕自己的言行。在谢肉节期间，家家户户大摆酒宴，因为在谢肉节过后的斋戒期内不能吃荤和喝酒。

六、热爱音乐舞蹈的民族

俄罗斯族是一个能歌善舞的民族，他们经常举行各种家庭宴会、晚会，相聚之时，他们就拉起手风琴，唱起歌，跳起舞来，跳交谊舞、俄罗斯舞、天鹅湖舞、乌克兰舞、俄罗斯的集体舞，以及踢踏舞、头巾舞、马车舞等，舞姿优美，参加的人多，具有强烈的民族特色。民间舞因带有贵族后裔色彩（祖先是来自昔日俄国的移民），故多为社交性舞会舞蹈。因吸收了邻近民族的舞蹈动作，遂形成自己的民族舞蹈风格。

巴拉来克

巴拉来克是俄罗斯族独特的弦乐器，因琴身的共鸣箱为正三角形，故又称"三角琴"。上有长长的扁平把柄，正面用白色骨片嵌有音阶的品位，把柄上部略有雕饰，斜立四个弦柱。音箱正中偏下，立有支弦的琴码，一般为四度定弦，有高、中、低音等不同规格。音色清脆明亮，经常与曼陀林、吉他、手风琴等合奏，深受青年人喜欢。

曼陀林

曼陀林与塔塔尔族的相似，音箱呈半犁形，琴杆较短，琴头后弯，张金属弦，用角片拨奏，音色柔和清亮。常作伴奏、合奏，亦可独奏踢踏舞，是俄罗斯族的一种民间舞蹈，复活节时跳的舞蹈之一。跳此舞时，男女老少穿上皮鞋一起参加。用手风琴伴奏，众人围成一圈，用脚尖、脚跟或脚掌的某一部位击地，发出踢

踏响声。妇女们边跳边挥手绢，男人们边跳边吹口哨，拉琴者亦加入跳舞行列边拉边跳。舞蹈节奏清晰多变，脚下动作灵活而响声大，场面活跃热烈。

踢踏舞

俄罗斯妇女的头巾舞和男子的赶马车舞颇有特色，青年人爱跳的踢踏舞，舞姿优美，步调矫健，节奏欢快，远胜今日流行的迪斯科，深受人们喜爱。民间舞蹈《阿金诺其卡》（单身者）流行于新疆伊宁、乌鲁木齐、塔城等地。其动作特点是单腿跳，技巧很高，多由一或两人表演。俄罗斯族的传统音乐包括

民间音乐和宗教音乐两部分，民间音乐包括仪式歌曲、抒情歌曲、叙事歌曲、歌舞音乐和器乐曲。

优美忧伤的民歌

　　俄罗斯族天然有一种忧伤在自己的血液中，许多歌唱起来都是荡气回肠，有一首歌曲《永隔一江水》，正是这种情绪的极致。

歌词大意：

风雨带走黑夜青草滴露水，
大家一齐来称赞生活多么美。
我的生活和希望总是相违背，
我和你在河两岸永隔一江水。
波浪追逐波浪寒鸭一对对，
姑娘人人有伙伴谁和我相配。
等待等待再等待心儿已等碎，
我和你在河两岸永隔一江水。
黑夜过去到黎明像飞鸟身影，
我没有另外的人只等你来临。
等待等待再等待心儿已等碎，
我和你在河两岸永隔一江水。

　　可望而不可见的痛彻心扉的情伤，在极致丰满的弦乐群的表现下更加体现出撞击人心的强大张力，曼陀林、手风琴和吉他等乐器的配搭令歌曲的感伤之情呈现出质朴而浪漫的情调，几度落泪的歌手全情投入，将那一份心碎和怅惘活画在歌声里。此外，《山楂树》《红莓花开》等，也深受俄罗斯人的喜爱。

七、禁 忌

妇女在长辈或客人面前，必须戴头巾，以示尊重。

赴家庭宴会时，一般应比预订的时间晚15分钟到，但不宜更晚。吃饭用过的刀、叉、勺不得放在桌布上，要搭在盘沿上。俄罗斯族人爱吃肉，但忌食马肉、驴肉，饮酒时不可以左手举杯。喝汤时必须用勺，但不得用左手拿勺。

俄罗斯族人在生活中还很忌讳数字，尤其是"13"和星期五，被称为是鬼数，最不吉利。俄罗斯人请客时从不请13个客人，结婚时也要避开每月的13日，家庭一般不在星期五举行较有纪念意义的活动。

俄罗斯族人忌讳送黄色礼品，认为黄色象征着不忠诚；喜欢蓝色礼品，认为蓝色代表着友谊。从前，俄罗斯人还忌讳专门给人送手套，认为这意味着挑衅。据说古代俄罗斯族人决斗前双方先互递手套，这也是决斗即将开始的一种信号。与俄罗斯族人初次交谈，最好不要探问主人的生活细节，如年龄、工资等。尤其是对女子，在任何情况下都不要当面问其年龄。

在公众场合不能抠鼻孔、伸懒腰、抓痒、大声咳嗽。交谈时，不能用手指他人。参加俄罗斯族人的家庭宴会或晚会时，要注意容貌和服装整洁。要事先刮脸。穿衣服必须打领带，衬衣下部要扎到裤腰里。参加宴会、舞会时要穿皮鞋，妇女一般都穿裙子，显得高贵庄重。与老年人同行时，年轻人不可走在前面，男女同行时，男子不可走在前面；在宴会上，男子不可以在妇女入座前先坐；男子不得戴手套和别人握手，见到长者或妇女时，应先鞠躬，等对方伸出手来时才可行握手礼。

摄影: 武纯展